ROSARIO CARELLO

I RACCONTI DI PAPA FRANCESCO

Una biografia in 80 parole

SAN PAOLO

Piazza Soncino, 5 - 20092 Cinisello Balsamo (Milano)
www.edizionisanpaolo.it
Distribuzione: Diffusione San Paolo s.r.l.
Corso Regina Margherita, 2 - 10153 Torino

Via Giotto, 36 - 20145 Milano
www.credere.it
www.famigliacristiana.it

Allegato a Credere di questa settimana
Direttore responsabile: Antonio Rizzolo
Settimanale registrato presso il Tribunale
di Alba il 23/10/2012, n. 4/12

Allegato a Famiglia Cristiana di questa settimana
Direttore responsabile: Antonio Sciortino
Settimanale registrato presso il Tribunale di Alba il 7/9/1949 n. 5
P.I. SPA - S.A.P. - D.L. 353/2003 L. 27/02/04 N. 46 - a.1 c.1 DCB/CN

Progetto grafico: Ink Graphics Communication, Milano

ISBN 978-88-215-9052-8

A mio papà Antonio,
che da Editore ha pubblicato
libri per tutta la vita.

E a mia mamma Rosanta,
che con lui ha insegnato a me
e ai miei fratelli ad amare i libri.

INTRODUZIONE

Come Jules Verne ha immaginato un giro del mondo in 80 giorni, io ho provato a raccontare una delle più folgoranti personalità del secolo, Jorge Bergoglio, in 80 parole.

Un ordine alfabetico di 80 aneddoti di vita, molti inediti, che inizia con la A di Abbigliamento e termina con la Z di Zii.

Ottanta microstorie, tutte con protagonista Papa Francesco, per raccontare dove nascono il coraggio, la simpatia, la coerenza, la forza, la fede dell'uomo chiamato nel 2013 a guidare la Chiesa e a diventare, soprattutto in questi anni di crisi mondiale delle *leadership*, la vera e sola guida morale del mondo.

Perché le uniche parole di senso, di eterno, di difesa degli ultimi e dei poveri, che nell'arco della vita ci capita di ascoltare, provengono dal Papa. Lo sanno anche gli atei.

Se il Pontefice fosse mediocre, come molti personaggi che affollano la scena pubblica, i più delusi sarebbero proprio i non credenti, abituati a sapere che, comunque vada, il Papa c'è. Almeno il Papa c'è.

Forse qualcuno storcerà il naso e mi dirà: caro Rosario, ma la storia non si racconta così, nella forma della lista o del vocabolario, non si è mai fatto. Io invece penso che ricercare nuovi modi di racconto sia una necessità e che in particolare la personalità di Bergoglio sia così grande, così complessa, che possa essere compresa solo operando prima un'azione di scomposizione, per permettere poi a ciascuno di compiere personalmente un'opera di ricostruzione.

Troverete nel libro le ragioni del pensiero e le scelte conseguenti di Papa Francesco: la povertà, la sobrietà, il rigore personale, la tenerezza, la necessità dell'irreprensibilità della Chiesa, la vicinanza alla gente, l'ansia di andare incontro al popolo.

È tutto spiegato, storia dopo storia, nella vita che vive e ha vissuto.

Vi auguro una buona lettura, vi auguro di innamorarvi della sua personalità. Io vengo dall'Azione Cattolica, sono di quelli che al Papa vogliono bene anche quando ancora non è stato eletto, perché sanno che nella mente di Dio c'è già.

Per questo scrivere un libro, sapendo che può contribuire alla sua conoscenza vera e non superficiale, è un impegno bello e appassionante.

ROSARIO CARELLO

P.S. Se mai questo libro dovesse arrivare nelle mani di qualcuno che può consegnarlo nelle mani di Benedetto XVI, vorrei che il Papa Emerito sapesse che non l'abbiamo dimenticato. E che con gratitudine, niente affatto diminuita, continuiamo a volergli bene e a considerarlo un Padre della Chiesa in mezzo a noi.

A

1.
A come Abbigliamento

L'addetto della curia telefonò alla sartoria. Aveva il compito di conoscere il costo di un abito per il nuovo arcivescovo. Ascoltò, appuntò con la penna la cifra sul suo block-notes, promise di portare i saluti a sua eccellenza, ringraziò e chiuse il telefono. Della cifra non si preoccupò più di tanto.

Raggiunse padre Bergoglio, da pochi giorni arcivescovo di Buenos Aires, e aspettò pazientemente il suo turno. L'abito non era affatto il problema più urgente del gesuita, però gli facevano notare che avrebbe dovuto vestire secondo il rango. Qualunque cosa volesse dire, e l'espressione non lo entusiasmava affatto, Bergoglio aveva detto: «Va bene, vediamo quanto costa».

«Quanto?», sbottò quando l'addetto gli allungò il foglio. «Quanto costa quest'abito? Mai e poi mai spenderemo quella cifra!».

Seguirono conciliaboli, il lungo tentativo piuttosto inutile di convincerlo, quando alla fine ecco il colpo di genio:

«Ma i vestiti del cardinal Quarracino dove sono?». Antonio Quarracino era il vescovo che lo aveva preceduto e di cui era stato coadiutore, morto alla fine del febbraio di quel 1998. Cercarono i suoi abiti nell'armadio, li misurò ma gli stavano enormi.

«Chiamiamo le suore, per favore?», chiese gentilmente Bergoglio[1]. Quelle arrivarono, compresero il problema e sorrisero complici. Così gli presero in fretta le misure, strinsero e accorciarono la stoffa e il vescovo di Buenos Aires aveva di nuovo i suoi abiti. A costo zero. E a fine mese nessuna delle persone che Bergoglio aiutava ebbe di meno.

2.
A come Appartamento

Fino al 28 febbraio 1998, il giorno della nomina di Bergoglio, l'arcivescovo di Buenos Aires viveva in una bellissima residenza a una ventina di chilometri dalla cattedrale e dalla curia. Un posto tranquillo, elegante, un po' fuori città, in una zona chiamata Olivos, a due passi dalla casa del Presidente della Repubblica. Sì, a Buenos Aires il potere temporale e quello religioso dormivano comodi e vicini, in uno dei quartieri più pregiati della città.

[1] A svelare che l'allora monsignor Bergoglio chiamò le suore è Evangelina Himitian, in *Francesco. Il Papa della gente*, Rizzoli, Milano 2013.

Poi è arrivato Bergoglio.

Nella residenza di Olivos, troppo riservata, troppo aristocratica, troppo lontana dalle persone, non ci è mai voluto andare. Ha scelto di stare in curia, a due passi dalla Plaza de Mayo, il cuore di Buenos Aires, dove tutta la città corre, scorre, fatica ed è bene che sappia che il suo vescovo è lì, con lei. «Sto nel cuore della città perché ho la città nel cuore», potrebbe essere lo slogan di quella scelta. La conseguenza è stata che file di donne e uomini, co-me attirati da una luce, hanno iniziato a varcare il portone e a lasciare messaggi, biglietti, a tentare un approccio, un dialogo.

Anche quando era vicario, nella zona di Flores, aveva fatto così. La più umile delle stanze era diventata la sua: un letto, un tavolino, una libreria, una croce e alcuni santini, tra cui spiccava san Giuseppe. Il computer? Non c'era. La TV? Nemmeno.

A Buenos Aires, invece, dopo la camera da letto bisognava scegliere l'ufficio. C'era un grande salone di rappresentanza, già arredato, con sedie in legno foderate di rosso, finestre, tende. E, accanto, uno stanzino disadorno, con un tavolo, una libreria semivuota e una sedia. Che cosa sceglie padre Bergoglio? L'ufficio arredato o lo stanzino disadorno? Credo non ci sia bisogno di specificarlo.

3.
A come Attenzione alle persone

Quel giorno padre Bergoglio andava di fretta: lo attendevano dall'altra parte di Buenos Aires per un ritiro e doveva ancora prendere il treno. Esce così dal suo ufficio, percorre il corridoio, entra in cappella e si ferma davanti al Santissimo. Prega in silenzio, affidandogli l'incontro che sta per tenere e poi subito via verso l'uscita: con un passo veloce avrebbe ancora potuto prendere il treno in orario. Ma prima di infilare la porta si sente chiamare: è un giovane, visibilmente instabile, forse sotto psicofarmaci. Gli chiede di confessarsi e lui: «Sta per arrivare un prete, confessati con lui, perché io ho altro da fare». Nell'intervista a Francesca Ambrogetti aggiunge queste parole: «Io, il testimone del Vangelo, ho parlato così».

Per qualche secondo, mentre sta per uscire, nella sua mente si scontrano quattro pensieri.

Il primo: devo correre, mi aspettano.

Il secondo: l'altro sacerdote non arriverà mica tanto presto.

Il terzo: il ragazzo è sotto psicofarmaci, non si accorgerà nemmeno dell'attesa.

Il quarto: ma che sto facendo?

Appena uscito, sotto il sole caldo di un pomeriggio argentino, Bergoglio si ferma, alza gli occhi al cielo, li abbassa mestamente e torna indietro con passo lento verso il giovane. «Il padre tarderà, ti confesso io».

Sarà una confessione che prenderà tutto il tempo che deve; poi, con calma, il futuro Papa accompagnerà il giovane davanti alla statua della Madonna e glielo affiderà. Dopo, solo dopo, andrà verso la stazione con la certezza di aver perso il treno e di doverne attendere un altro.

Ma Dio è signore di tutto, e con grande sorpresa padre Bergoglio scopre che il treno è in ritardo e non dovrà aspettarne un altro.

La sera, tornando a casa, decide di fermarsi dal suo confessore, ha assoluto bisogno di chiedere perdono a Dio per quello che ha combinato, perché altrimenti, dice, «domani non potrei neppure celebrare». Ma confessare che cosa? La vicenda del ragazzo? In fondo Bergoglio si è messo in discussione, ha capito l'errore, ha posto rimedio.

Francesca Ambrogetti mi spiega: «Vedi, quei pochi minuti o forse secondi nei quali ha lasciato solo quel giovane meritavano di essere messi nelle mani di Dio. Il senso di vergogna che ha provato per quei pochi istanti, il senso del peccato che ha sentito, erano davvero forti».

Questo è un episodio centrale nella vita del Papa italo-argentino: lo aiuta a capire che non l'efficienza ma la pazienza è la virtù di un uomo di fede. Non è importante quante cose fai: è l'amore che ci metti a segnare la differenza.

È una lezione che vale una vita, che padre Bergoglio non apprende da ragazzo in seminario, ma da adulto, non alle prime armi, ma già vescovo. Con quella capacità di ascoltare la voce di Dio in ogni momento della giornata.

4.
A come Autobus

È sera e padre Bergoglio ha appena terminato la messa in una parrocchia. La processione finale si chiude in sacrestia ed è il momento di riporre gli abiti sacri. «Chiedo scusa», dice Bergoglio, mentre ovunque si respira aria di fine serata, quando gli impegni volgono al termine. «Chiedo scusa, dovrei andare a Mataderos. Mi sapreste dire quale autobus devo prendere?». All'improvviso tacciono tutti. Non sanno se rispondere alla domanda o superare il problema con l'offerta all'arcivescovo della propria auto.

«Non c'è bisogno dell'autobus – si fa avanti il più intraprendente dei parrocchiani – l'accompagno io con la mia macchina».

«No, grazie. Davvero. Vi chiedo solo di dirmi che autobus devo prendere da qui».

«Mi permetta – si fa avanti un altro – la porto io. Mataderos è dall'altra parte della città, è scomodo con l'autobus».

La voce di Bergoglio si fa leggermente più alta: «Ho detto no, grazie. Ditemi solo che autobus è».

Un terzo e un quarto signore, quasi in coro: «Insistiamo, padre. La portiamo noi, non possiamo permettere che vada da solo!».

La risposta questa volta è perentoria: «Ho detto no, figli miei! Ci vado in autobus!».

«Benissimo!», ribattono tutti un po' imbarazzati.

Poco dopo, terminati i saluti e i ringraziamenti, si allontana da solo, verso la fermata e verso un altro appuntamento della giornata. Una ragazza commenta: «Certo che non si stanca mai». E il parroco: «Se ne va com'è venuto: con i mezzi pubblici». S'inserisce il diacono: «Padre Bergoglio è così: parla con l'esempio». L'autobus arriva. Bergoglio sale. A Mataderos l'aspettano.

B

5.
B come Baci

2 giugno 2013. È domenica mattina. Su via dei Fori Imperiali a Roma è tutto pronto per la parata militare. I mezzi della nettezza urbana passano per l'ultima volta a ripulire la strada, mentre luccicano le strisce della segnaletica appena rinnovate. C'è molto rumore, fervono i preparativi.

A poche centinaia di metri in linea d'aria, nella cappella della residenza Santa Marta in Vaticano, c'è invece un grandissimo silenzio.

Ottanta persone attendono commosse ed emozionate il Papa per la messa. Per lo più sono parenti di militari italiani morti in missione di pace, ma ci sono anche 13 nostri militari feriti, i cui nomi abbiamo ascoltato al telegiornale dopo i vari attentati degli ultimi anni in Afghanistan, e li abbiamo regolarmente dimenticati.

Il Papa arriva con passo calmo. Inizia la messa.

Nell'omelia ha parole dure contro la guerra: «È una pazzia – scandisce – è il suicidio dell'umanità».

Dopo la benedizione vuole salutare tutti, uno per uno: si avvicina un ragazzone alto, robusto ma inchiodato a una sedia a rotelle. Guarda Bergoglio dal basso, seduto, e scoppia a piangere. Un omone che piange come un bambino. Davanti ai suoi occhi di trentenne senza gambe passano tutte le violenze che ha visto e il dolore che ha subito e si mescolano alla dolce figura bianca di Bergoglio. Il Papa si china su di lui.

Segue un altro ragazzo: è più alto del Papa, ha un occhio bendato e l'altro, quello sano, che piange copiosamente. Si stringono tra le lacrime. Il Papa fa scivolare una carezza sul suo volto, poi si baciano sulla guancia.

Ecco: un Papa che si fa baciare è una novità assoluta. Certo, i pontefici hanno sempre baciato i bambini, ma un Papa che si fa baciare, questo non si era mai visto.

A dare l'esempio è stato lui. Ha cominciato baciando gli amici durante le udienze. Ha dato un bacio perfino alla presidente argentina Cristina Fernandez de Kirchner. Bacia un numero esorbitante di bambini a ogni udienza del mercoledì. A uno in particolare, che non la smetteva di piangere, ha rimesso in bocca il ciuccio che gli penzolava sulla pancia. Spesso dalla papamobile alza il pollice destro o sinistro, quasi come Fonzie, per salutare. Lancia baci con la mano. «Non abbiate paura della tenerezza», ha detto un giorno. E non si è limitato a dirlo.

6.
B come Bambini

Manuel schizza fuori dal letto senza bisogno di essere svegliato.

– Manuel, scommetto che è oggi, vero?

– Oggi cosa?

– La festa di Bergoglio!

– Come fai a saperlo, mamma?

Teresita conosce troppo bene il figlio, 9 anni. Sa che c'è un solo momento all'anno in cui non deve buttarlo giù dal letto con le cannonate, e sono i giorni della Festa dei Bambini, il capolavoro pastorale per l'infanzia di padre Bergoglio, l'evento che letteralmente accendeva il poverissimo quartiere intorno al Colegio Maximo e alla parrocchia di San José, a San Miguel, affidata a Bergoglio stesso. Una festa per bambini che non conoscevano feste, regali, bibite zuccherate e tutte quelle cose lì. Che vivevano per strade fangose e dormivano nelle baracche.

E allora padre Bergoglio che ti fa? Una festa solo per loro.

La parrocchia ne era invasa: cinquemila bambini almeno, e se avete esperienza di bambini e di parrocchie converrete che non è facile gestire questi numeri.

Che facevano? C'era il teatro, con la rappresentazione di storie avventurose di grandi protagonisti della fede. La più amata era la storia dei missionari gesuiti in cammino nella foresta, ma anche la vita di sant'Ignazio piaceva molto.

C'erano giochi: quelli popolari e il pallone. C'erano momenti di preghiera, incontri di catechismo e naturalmente il pranzo. Ma il *clou*, il momento che ogni bambino aspettava, era quello del regalo. Interminabili secondi, quelli prima di stringere il giocattolo tra le mani. Un'euforia incontenibile che percorreva i bambini dalla testa ai piedi. Quello era al contempo il loro Natale e la loro befana, il loro compleanno e il loro onomastico, la loro promozione e la loro santa Lucia. L'unico regalo di tutto l'anno. E per fortuna c'era Bergoglio, sennò neppure quello.

Ma dove trovare cinquemila regali? E gratis, per giunta? La fantasia del gesuita era incontenibile: girava i negozi della città – e a quel tempo non era ancora vescovo – e li chiedeva. Poi si rivolgeva alle famiglie con figli grandi, perché regalassero i giocattoli ormai inutilizzati. Solo che spesso questi erano rotti e così aveva costituito un gruppo di ragazzi del Colegio, i futuri gesuiti, in officine specializzate di riparo. Insomma, una macchina organizzativa di straordinario livello.

7.
B come Battesimi

C'è una signora molto umile, una vedova, mamma di sette figli avuti da due uomini diversi. Una donna sola, che vive facendo le pulizie, che ha smesso di sognare da tempo. L'ultimo millimetro di desiderio che le era rimasto, l'ultimo straccetto di sogno, era vedere i figli battezzati.

Ma sono sette. Come si fa? Sette padrini? E quanto costerebbe tra feste e invitati? E poi c'è il lavoro: la donna ha imparato a non fermarsi mai, a prendere tutte le chiamate che riceve. Ma anno dopo anno i figli sono più grandi e il suo sogno sempre più piccolo. Un giorno incontra l'arcivescovo Bergoglio[1].

«Padre, sono in peccato mortale, ho sette figli e non li ho mai fatti battezzare».

Il futuro Papa le sorride. «Non temere», le dice. E chiede di poterla vedere per conoscere meglio la sua vita.

Dopo qualche giorno la signora è in curia. Ascoltato il caso, Bergoglio scioglie gli ostacoli (o i falsi ostacoli): «Facciamo i battesimi con due padrini, è più facile. E per il rinfresco Coca-Cola e panini dopo la cerimonia». Arriva il grande giorno: una catechesi, che Bergoglio stesso definisce «piccola», e finalmente tutti i figli sono battezzati. Che giorno indimenticabile per quella mamma! «Padre, non posso crederlo, lei mi fa sentire importante». E Bergoglio: «Ma, signora, che c'entro io? È Gesù che la rende importante».

[1] L'incontro avviene durante la festa di san Cayetano, san Gaetano. A rivelarlo è lo stesso monsignor Bergoglio in un'intervista a Gianni Valente, uscita nell'agosto 2009 sulla rivista *30 giorni* e poi pubblicata nel libro *Francesco. Un Papa dalla fine del mondo*, EMI, Bologna 2013.

Battezzare i bambini è per Bergoglio una priorità assoluta, una necessità. «Bisogna fare di tutto per i battesimi», ripeteva ai sacerdoti, tra i quali si nascondevano non pochi rigoristi, quelli per i quali non è bene battezzare i figli delle coppie non sposate in chiesa.

«Quale responsabilità ha il bambino se i genitori non sono sposati?», domandava, alzando il tono della voce. Sapeva bene che non erano poche quelle coppie che dopo il battesimo, dopo l'amicizia con il parroco, dopo la frequentazione con i catechisti, chiedevano il matrimonio religioso. Una prova che ne valeva due: non c'è pastorale se non si stabiliscono rapporti umani con le persone; e mai sottovalutare la potenza di Dio, che con il sacramento del battesimo dei bambini entra gioiosamente nell'esperienza quotidiana di un'intera famiglia.

8.
B come Benedetto XVI

La prima persona a sapere dell'elezione di Francesco è stato Benedetto XVI. La prima telefonata del nuovo Papa è stata fatta all'Emerito. La prima preghiera che Francesco ha chiesto dalla loggia della basilica di San Pietro è stata per Benedetto.

Nell'incontro del 23 marzo 2013, quello dell'abbraccio a Castel Gandolfo, la cosa che mi colpiva di più era il devoto "lei" con cui Bergoglio si rivolgeva a Ratzinger.

Parlare di sintonia e di continuità tra i due è quasi riduttivo. Leggete qui: «Il carrierismo, il tentativo di arrivare "in alto", di procurarsi una posizione mediante la Chiesa: servirsi, non servire. È l'immagine dell'uomo che, attraverso il sacerdozio, vuole farsi importante, diventare un personaggio; l'immagine di colui che ha di mira la propria esaltazione e non l'umile servizio di Gesù Cristo». Parole di Papa Francesco, che sul carrierismo nella Chiesa, sulla mondanità spirituale ha usato espressioni forti e taglienti come una spada? No, quel virgolettato è di Benedetto XVI[2].

Se andate a ricercare le parole più dure di Bergoglio, le trovate nell'elenco dei temi trattati da Ratzinger nell'esercizio del magistero petrino, e anche prima. Ratzinger ha aperto la strada a Bergoglio, in tutti i sensi, non solo con la rinuncia, ma anche con un pontificato, cioè con un agire, coraggioso e drammatico. In esso il dramma è venuto dai continui attacchi a cui il Papa è stato sottoposto, trovandosi spesso da solo. Il coraggio invece era tutto suo.

[2] 7 maggio 2006, IV domenica di Pasqua, Omelia della messa per l'ordinazione presbiterale di 15 diaconi della diocesi di Roma.

C

9.
C come Calcio

21 maggio 2013. Gigi Buffon è seduto su un divanetto di color marrone nella residenza Santa Marta, ha accanto l'allenatore della Juventus Antonio Conte e lo sguardo fisso su Papa Francesco a pochi centimetri da lui. Segue con gli occhi le linee che il Papa disegna con le mani e ascolta attentamente.

«L'altro giorno – racconta ai neo-campioni d'Italia, seduti intorno a lui come ragazzini con il parroco – ho visto, passando in jeep dopo l'udienza, un signore che mi salutava con la maglietta del San Lorenzo [la squadra argentina di cui Bergoglio è tifoso, NdA]. L'ho guardato e gli ho fatto così». Alza in aria l'indice, il medio e l'anulare destri indicando "tre", poi chiude la mano e la riapre subito collegando pollice e indice a mo' di "zero", cioè "tre a zero", il risultato con cui il San Lorenzo de Almagro aveva appena battuto il Boca nel derby argentino di pochi giorni prima. Scoppiano tutti a ridere. E la risata più fragorosa è quella del Papa.

La passione di Bergoglio per il calcio è grande. Ha la tessera numero 88235N – la numero 0 del San Lorenzo, squadra fondata dal sacerdote don Lorenzo Massa, quasi un secolo fa, con l'obiettivo di togliere i ragazzi dalla strada. Nel passato ha vinto tantissimo e ancora fa la sua bella figura nella Primera División, la serie A del campionato argentino. Un Papa tifoso, che il quotidiano sportivo argentino *Olé*, il giorno dopo l'elezione, chiamava a caratteri cubitali «la otra mano de Dios», cioè "l'altra mano di Dio". Perché "l'altra"? Beh, gli esperti di calcio avranno già capito.

Il 22 giugno del 1986, nello stadio Azteca di Città del Messico, il calendario dei Mondiali di calcio prevede una sfida di prim'ordine: Argentina contro Inghilterra. Sono passati solo quattro anni dalla guerra delle Falkland[1], quindi è qualcosa di più di una normale partita di calcio. Quasi una resa dei conti. Nel secondo tempo, sullo zero a zero, il re del pallone argentino, sua maestà Diego Armando Maradona, segna un gol folle e astuto con un piccolo aiuto, diciamo così, manesco. «Un poco con la cabeza de Maradona y otro poco con la mano de Dios», dirà lo stesso Maradona, che irrideva gli avversari, attri-

[1] È la guerra scoppiata tra Argentina e Regno Unito per la sovranità delle isole Falkland, nell'Atlantico meridionale. Una contesa che risale ai primi dell'Ottocento, ma che il 2 aprile 1982, dopo 15 anni di negoziati improduttivi, vive un'accelerazione improvvisa, con l'occupazione delle isole da parte delle truppe argentine. La reazione del Regno Unito è durissima. Nonostante i tagli al bilancio sociale, la Thatcher riesce a trovare i soldi per inviare le truppe militari, che costringeranno gli avversari alla resa. Il bilancio è drammatico: oltre mille morti, per lo più argentini.

buendo a Dio, e non a sé, il tocco che aveva mandato il pallone in rete. Ma pochi minuti dopo sua maestà Maradona prende una palla a centrocampo, smarca l'intera squadra inglese, da solo, giocatore dopo giocatore, lascia che il portiere esca, smarca pure lui e segna il gol che la Fifa ha definito il più bello della storia del calcio.

Tutta l'Argentina davanti alla TV esplode. E chissà la festa di padre Bergoglio! Guidati da Maradona gli argentini arrivano in finale e conquistano il Mondiale.

Quel titolo, «la otra mano de Dios», è dunque puro mito, storia, orgoglio. Per gli argentini Dio, il calcio e l'Argentina abitano nella stessa casa. A casa loro, che, per inciso, ora è la stessa casa del Papa.

Intanto però Gigi Buffon si è alzato, ha in mano la maglietta della Juventus numero 1, la sua, con le firme di tutti i giocatori, e consegnandola al Papa scandisce: «Per legarla ancora di più alla Juve». Bergoglio sorride. Nessuno lì lo sa, ma sua mamma si chiamava Regina Sivori, come il grande campione italo-argentino. Bianconero.

10.
C come Compleanno

Papa Francesco è nato il 17 dicembre 1936. Ma se pensate di fargli un regalo, sappiate che non ama molto essere al centro della festa. Certo, è un uomo di gioia e alle feste gli piaceva anche andare, ma per onorare gli altri, non se stesso. Per lui – dice – non c'è bisogno.

11.
C come Confidenza con i genitori

Con chi parlava più facilmente da ragazzo Jorge Mario? Con chi si confidava? Con la mamma Regina? Con il papà Mario? Con Rosa, la nonna paterna fondamentale nella sua crescita? A parte la nonna, che ritroveremo più avanti, è senza dubbio il papà la persona con cui aveva maggiore facilità a parlare. Ed è proprio al padre che nel 1957, all'età di 21 anni, affida il segreto più grande: «Papà, ho deciso: vorrei diventare prete». Lo fa quattro anni dopo una confessione (vedi alla "V come Vocazione") che gli spalanca il cuore alla volontà di Dio, un evento luminoso, per certi aspetti soprannaturale.

Ma che cosa vuol dire "più confidenza con il padre"? Significa avere la certezza di essere capito in un momento difficilissimo, anche doloroso, come quello della separazione da casa per entrare in seminario[2]. Vuol dire la certezza di trovare nel padre un sostegno e non un ostacolo. Non si sbagliava.

[2] Il 7 giugno 2013, rispondendo alla domanda di uno studente: «Per me è stato difficile. Ci sono momenti dove ti senti solo, arido, senza gioia interiore. Ma è tanto bello seguire Gesù, che tu poi bilanci e vai avanti. E poi arrivano momenti più belli. Ma nessuno deve pensare che nella vita non ci saranno le difficoltà».

Mario Bergoglio ascolta la decisione del figlio con attenzione. È contento. Certo, gli domanda se ne sia sicuro e s'incarica di parlarne lui stesso con la moglie, che, come previsto, non la prende bene.

Regina Sivori è una donna di grande fede, ma non è convinta della scelta: da un lato vede il figlio troppo piccolo; dall'altro lo vede già troppo grande, sa che ha un lavoro, lo vede proiettato su un cammino diverso o almeno se lo immagina. Resta il fatto che non lo accompagnerà in seminario, ma sarà comunque in prima fila il giorno dell'ordinazione, quando s'inginocchierà per la benedizione.

Le parole più dolci sono però quelle di nonna Rosa, la nonna paterna: «Se Dio ti chiama, che tu sia benedetto. Ma non dimenticare che la porta di casa è sempre aperta e che nessuno avrà mai da rimproverarti se deciderai di tornare indietro»[3].

12.
C come Coraggio

Il telefono fa uno squillo solo, padre Bergoglio risponde subito. La comunicazione è breve. Il futuro Papa resta senza parole, prende la giacca ed esce.

Cammina per ore, chiede aiuto, va dove spera di po-

[3] Lo rivela padre Bergoglio a Francesca Ambrogetti e a Sergio Rubin, in *Papa Francesco. Il nuovo Papa si racconta*, Salani, Milano 2013.

terlo ottenere, prega in silenzio, conviene che i tempi non promettono nulla di buono in Argentina, in quell'ottobre del 1976, sette mesi dopo il colpo di Stato.

I militari hanno rapito Giovanni: ecco la notizia che sta diventando un rovello nella testa di Bergoglio.

Chi è Giovanni? È un giovane laico italo-argentino. Conosce Bergoglio da molti anni, ha studiato teologia al Colegio Maximo dei gesuiti di San Miguel, ma soprattutto ha il cuore incendiato dalle parole del futuro Papa e insieme ad altri ha deciso di passare dalle parole ai fatti. «Padre Jorge, voglio andare a vivere nelle baraccopoli». Bergoglio ne è fiero, ma quei ragazzi che deliberatamente, senza esserci nati, passano più tempo nelle Villas Miserias (le baraccopoli di Buenos Aires) di quanto ne trascorrano fuori, cominciano a incuriosire i militari. Basterebbe chiedere in giro, magari a Estella, a Helena o a Camila, le ragazze madri aiutate dai centri di soccorso. Ma i militari non chiedono: osservano e sospettano. Soprattutto non capiscono.

La preoccupazione di Bergoglio è proprio questa: che non riescano a capire. Per loro i centri di soccorso sono una copertura per organizzare e fomentare rivolte. Lì, nelle Villas, si scontrano due mondi: di qua la gratuità di Giovanni e dei ragazzi di Bergoglio, di là la cultura del sospetto dei militari del sanguinario Jorge Videla. I quali prima entrano in casa di Giovanni e gliela sfasciano, cercando armi che non trovano. Poi, nell'ottobre del 1976, lo rapiscono.

Mentre padre Bergoglio per 18 giorni lo cerca dappertutto, Giovanni viene picchiato, torturato, affamato e se alla fine lo abbandonano moribondo ma vivo in mezzo a una strada, invece di finirlo di nascosto, è solo per quel prete che ha bussato a tutte le porte. Negli anni della dittatura Bergoglio ha nascosto al Colegio Maximo un numero di persone in fuga dai militari impossibile da contare. È riuscito a liberare un numero impressionante di sequestrati. Ha incontrato due volte Videla, morto qualche settimana dopo la sua elezione al soglio pontificio, per scoprire dove fossero nascosti alcuni preti rapiti. È il lato più nascosto di Bergoglio: non perché oscuro, ma perché meno raccontato, anche per l'umiltà del protagonista, che non ci sta a passare per eroe. Esiste quindi un elenco, impossibile da stendere nella sua totalità, di persone vive e salvate dal coraggio di questo coraggioso gesuita.

13.
C come Credo

Qualche giorno prima di essere ordinato sacerdote dall'arcivescovo Ramon José Castellano, il 13 dicembre del 1969, Jorge Bergoglio scrive una preghiera e la intitola "Credo". La riporto come i giornali l'hanno pubblicata nei giorni successivi all'elezione:

Voglio credere in Dio Padre, che mi ama come un figlio, e in Gesù, il Signore, che ha infuso il suo spirito nella mia vita per farmi sorridere e portarmi così al regno di vita eterna.
Credo nella mia storia, che è stata trapassata dallo sguardo di amore di Dio e, nel giorno di primavera, 21 settembre, mi ha portato all'incontro per invitarmi a seguirlo.
Credo nel mio dolore, infecondo per l'egoismo, nel quale mi rifugio.
Credo nella meschinità della mia anima, che vuole prendere senza mai dare… senza dare.
Credo che gli altri siano buoni, e che devo amarli senza timore, e senza mai tradirli per cercare una sicurezza per me.
Credo nella vita religiosa.
Credo di voler amare molto.
Credo nella morte quotidiana, bruciante, che fuggo, ma che mi sorride invitandomi ad accettarla.
Credo nella pazienza di Dio, accogliente, buona come una notte d'estate.
Credo che papà sia in cielo insieme al Signore.
Credo che anche padre Duarte[4] stia lì, intercedendo per il mio sacerdozio.
Credo in Maria, mia madre, che mi ama e mai mi lascerà solo.
E aspetto la sorpresa di ogni giorno nel quale si manifesterà l'amore, la forza, il tradimento e il peccato, che mi accompagneranno fino all'incontro definitivo con quel volto meraviglioso che non so come sia, che fuggo continuamente, ma che voglio conoscere e amare. Amen.

[4] Il padre spirituale, che era morto proprio quell'anno (NdA).

14.
C come Cucina

La domenica al Colegio Maximo è un giorno di riposo. Per tutti. Pure per la cuoca, che infatti, da contratto, resta a casa. E allora chi cucina per gli studenti? Nessun problema, c'è padre Bergoglio. Un po' perché è nella sua natura mettersi al servizio, un po' perché effettivamente sa cucinare e pure bene. A insegnarglielo è stata la madre. L'occasione non fu delle più felici, ma a volte si fa tesoro anche dei frangenti drammatici.

Dopo una paresi, Regina, la mamma, ebbe qualche ovvia difficoltà a muoversi come prima; stava quindi a lungo seduta e dava indicazioni ai figli, soprattutto all'ora di pranzo e di cena. «Prendi la farina», «abbassa il fuoco», «gira la pasta». Ho personalmente incontrato tanti ragazzi di allora, quelli che mangiavano al Colegio Maximo la domenica. Ho chiesto: ma come cucinava Bergoglio? Risposta: «Mangiavamo quasi meglio con lui che nei giorni feriali». Ma lui, Bergoglio, nell'intervista a Francesca Ambrogetti, se la cava con una battuta: «Non ho mai ammazzato nessuno».

D

15.
D come Denaro

Mentre Plaza de Mayo, il cuore di Buenos Aires, la piazza che dà contemporaneamente sulla Casa Rosada, sede del governo, e sulla cattedrale, è in festa per l'elezione del primo Papa argentino, il nunzio apostolico di Buenos Aires, monsignor Emil Paul Tscherrig, è il portatore di una notizia che potrebbe essere una doccia fredda per tutti, tranne che per gli argentini.

Il nunzio, dopo un colloquio con il Papa, firma una lettera indirizzata ai vescovi e agli arcivescovi e tramite loro a tutto il Paese, in cui a nome di Francesco dice chiaramente due cose. La prima: grazie per le preghiere, le parole e l'affetto che state dimostrando. La seconda: il Papa vi chiede una cortesia, di non andare alla messa d'inizio del pontificato, e «en lugar de ir a Roma», e invece di andare a Roma, continuate nella vicinanza spirituale, «acompañándola con algún gesto de caridad hacia los más necesitados», affiancando un gesto concreto di carità verso chi ne ha bisogno. In poche parole: non venite a Roma, e quello che paghereste per raggiungerla datelo ai poveri. Stupiti? In Argentina nessuno. E non solo perché Bergoglio aveva fatto la stessa richiesta già nel 2001, quando fu creato cardinale da Giovanni Paolo II, ma perché quello che pensa del denaro lo sanno tutti.

Non ha mai voluto viaggiare in prima classe, e quando gli hanno proposto di andarci, perché c'erano posti liberi, ha preferito rimanere in seconda. Se è capitato che il biglietto non lo prenotasse lui, ma glielo regalassero in *business class*, è tornato perché glielo cambiassero. Non è un pauperista, semplicemente non vuole privilegi e siccome è a conoscenza di tanta povertà, vuole poter aiutare il più alto numero di persone possibile.

Non è contro la proprietà privata, ma non condivide la fuga dei capitali all'estero: come si può – domanda – produrre ricchezza in un Paese, con i lavoratori che devono vivere in quel Paese, e poi spostare altrove i capitali accumulati? «Il denaro ha una patria» – dice –. Quando chiedo, prima di un dibattito, se tutti pagano le tasse, molti mi dicono di no, "perché lo Stato ruba e allora li do io ai poveri i soldi"». Giustificazioni per venir meno a un dovere. «Non accetto mai una restituzione di denaro guadagnato male se non c'è vero pentimento – aggiunge, parlando dei guadagni sporchi e fraudolenti –. Altrimenti ci si lava la coscienza e poi continua la baldoria»[1].

[1] Citazioni tratte da *Il cielo e la terra*, con A. Skorka, Mondadori, Milano 2013.

16.
D come Devocionario

Un libro piccolo, di colore scuro. Ideato, voluto e curato personalmente da padre Bergoglio e pubblicato almeno una trentina di anni fa, quando era rettore del Colegio Maximo. In spagnolo si chiama *Devocionario*, in italiano "Libro delle preghiere", perché l'espressione *devozionario*, pur chiara, non è contemplata nei nostri vocabolari. L'idea del futuro Papa era semplice: dare a tutti i ragazzi, futuri sacerdoti gesuiti, una raccolta delle principali preghiere e devozioni. Quali? La prima, la più importante per Bergoglio, è quella al Sacro Cuore, di cui dirà: «Non è un simbolo immaginario, è un simbolo reale, che rappresenta il centro, la fonte, da cui è sgorgata la salvezza per l'umanità intera»[2].

Ma non manca nessuna delle preghiere più amate dal popolo cristiano: il Rosario, l'Angelus, il "Ti adoro, mio Dio…", il rinnovo delle promesse battesimali, la Via Crucis, le novene e altre devozioni ai santi, tra cui spiccano san Giuseppe, san Cayetano (cioè san Gaetano, patrono del pane e del lavoro), santa Teresa di Lisieux.

Ho potuto tenere tra le mani una copia di questo libretto. Posso dire, con una battuta, che per la prima volta siamo di fronte a un Papa editore. Il libretto, curato nei minimi dettagli, è tascabile, leggero, diviso in modo or-

[2] Angelus del 9 giugno 2013.

dinato, su una carta non pregiata ma resistente, con illustrazioni in bianco e nero. È il frutto di un lavoro che viene dalla sollecitudine per la trasmissione del tesoro più grande che ha ricevuto e che vuole trasmettere ai figli del suo collegio: la preghiera, personale, intima e continuata.

17.
D come Diavolo

Domandate a Papa Francesco se crede nell'esistenza del diavolo: la risposta sarà sì. E, anzi, aggiungerà che è proprio nel far credere che egli non esiste che si è consumata la più grande vittoria del demonio in questi nostri tempi. Esiste sì, ed è il padre di ogni bruttezza: la calunnia, l'odio, la divisione, la distruzione provengono – ha detto in più occasioni – tutte da Satana, che la Bibbia definisce il padre della menzogna.

Come insegnava sant'Ignazio e come Bergoglio ben sa, in ciascuno di noi esistono tre tipi di pensieri: uno che proviene dalla nostra natura, cioè dalla nostra libertà e volontà; e due che arrivano dall'esterno: lo spirito buono, che è di Dio, e quello cattivo, che è del diavolo. Così davanti ai nostri occhi si compone un ring, dove bene e male, pensieri buoni e cattivi si fronteggiano, e i pugni decisivi, quelli che fanno male, che stendono e che fanno vincere il round, li sferriamo noi con le nostre scelte. A Jorge Bergoglio piace molto l'immagine di san Paolo secondo la quale la vita cristiana è come una gara, un'attività atletica, in cui allenarsi sfrondando ciò che ci allontana da Dio.

«Il male c'è – ha detto da Papa a piazza San Pietro – e il diavolo agisce. Ma vorrei dire a voce alta: Dio è più forte! Voi credete questo: che Dio è più forte?». La domanda è risuonata il 12 giugno 2013, e un boato di "sì" l'ha sommersa in pochi secondi.

18.
D come Digiuno

Ogni volta che ho domandato a chi lo ha conosciuto bene se Bergoglio sia un uomo abituato a digiunare, come risposta ho avuto un silenzio pensoso. Il silenzio di chi riflette e magari prova a tirar fuori dalla propria memoria un episodio. Perché a ben riflettere nessuno ricorda sue parole sul digiuno, se non nei tempi liturgici previsti dalla Chiesa, ma contemporaneamente nessuno lo ha mai visto eccedere nel cibo. Certo, gli piace cucinare e anche mangiare, ma ha fatto suo uno stile di misura, di discrezione sul quale ci sarebbe molto da raccontare. Per esempio, a proposito della festa di Natale.

Ogni anno a Natale organizzava a Buenos Aires un incontro con i giornalisti. Due parole su Gesù che nasce bambino, nel suo stile veloce ma efficace, gli auguri e via al buffet. E mentre la folla si accalcava con i piatti in mano, lui, il cardinale, con solo un bicchiere di acqua si muoveva con leggerezza e sorridente, per salutare, parlare, incontrare, dialogare. Un bicchier d'acqua, tanto per gradire, e poi stare in mezzo alla gente, fare il pastore. Bergoglio fino in fondo.

19.
D come Dita

Questa è una storia figlia del tempo che viviamo. I suoi elementi sono: il Papa Francesco, la sua passione per la letteratura, l'Argentina e Facebook. Sì, perché circa un mese e mezzo dopo l'elezione, attraverso il più popolare social network del mondo, è arrivata in Italia, debitamente tradotta, una meravigliosa preghiera argentina. La firma era di Bergoglio. Preghiera? Poesia? Un piccolo capolavoro di scrittura, degno di un appassionato cultore di letteratura e di un'ottima penna come il cardinale gesuita ha dimostrato di essere. S'intitola: *Una preghiera per ogni dito della mano*.

1. Il pollice è il dito a te più vicino. Comincia quindi col pregare per coloro che ti sono più vicini. Sono le persone di cui ci ricordiamo più facilmente. Pregare per i nostri cari è "un dolce obbligo".
2. Il dito successivo è l'indice. Prega per coloro che insegnano, educano e curano. Questa categoria comprende maestri, professori, medici e sacerdoti. Hanno bisogno di sostegno e saggezza

per indicare agli altri la giusta direzione. Ricordali sempre nelle tue preghiere.
3. Il dito successivo è il più alto. Ci ricorda i nostri governanti. Prega per il presidente, i parlamentari, gli imprenditori e i dirigenti. Sono le persone che gestiscono il destino della nostra patria e guidano l'opinione pubblica... Hanno bisogno della guida di Dio.
4. Il quarto dito è l'anulare. Lascerà molti sorpresi, ma è questo il nostro dito più debole, come può confermare qualsiasi insegnante di pianoforte. È lì per ricordarci di pregare per i più deboli, per chi ha sfide da affrontare, per i malati. Hanno bisogno delle tue preghiere di giorno e di notte. Le preghiere per loro non saranno mai troppe. Ed è lì per invitarci a pregare anche per le coppie sposate.
5. E per ultimo arriva il nostro dito mignolo, il più piccolo di tutti, come piccoli dobbiamo sentirci noi di fronte a Dio e al prossimo. Come dice la Bibbia, "gli ultimi saranno i primi". Il dito mignolo ti ricorda di pregare per te stesso... Dopo che avrai pregato per tutti gli altri, sarà allora che potrai capire meglio quali sono le tue necessità guardandole dalla giusta prospettiva.

C'è poco da commentare. Dico solo che è stata pubblicata anche in un libretto con illustrazioni ed è finita addirittura nella classifica dei libri più venduti in Italia. Forse è la prima volta che una preghiera scala le classifiche.

20.
D come Donna

Un giorno Papa Francesco, parlando di nonna Rosa, ha detto: «Ho ricevuto il primo annuncio cristiano da questa donna: da mia nonna! È bellissimo questo: il primo annuncio in casa, con la famiglia!»[3]. Ogni parola che diceva sulla nonna gli scatenava un sorriso e negli occhi gli leggevo il profilo di quella donna straordinaria, a cui Bergoglio deve tutto.

Sì, perché il primo annuncio l'avrà pure avuto in famiglia, come dice, ma evitiamo le generalizzazioni: l'ha avuto per voce e testimonianza di una persona precisa: una donna, la nonna. Non è un caso. «Questo mi fa pensare – ha detto – all'amore di tante mamme e di tante nonne nella trasmissione della fede. Sono loro che trasmettono la fede. Questo avveniva anche nei primi tempi, perché san Paolo diceva a Timoteo: "Io ricordo la fede della tua mamma e della tua nonna". Tutte le mamme che sono qui, tutte le nonne, pensate a questo! Trasmettere la fede».

Una volta gli è stato chiesto come sarebbe una società solo al maschile. «Austera, dura e priva di sacralità», ha detto[4]: non proprio una risposta commendevole per i maschietti. E sulle donne, invece? Una buona sintesi del suo

[3] Veglia di Pentecoste, 18 maggio 2013.

[4] Così in *Il cielo e la terra*, cit.

pensiero è questa: portano al mondo tenerezza e maternità. La donna accoglie la società, la contiene, la trasforma in comunità. Se esistesse un altro nome per la donna, questo potrebbe essere "dono". È vero, sacerdote può diventarlo solo un uomo, come Gesù. Però – nota, citando un monaco del II secolo – sono al femminile tutte le grandi realtà del cristianesimo: la Chiesa, l'anima e ovviamente Maria, che nel cenacolo – è lui a parlare – ha un posto superiore agli apostoli.

Tra i suoi collaboratori in curia, intanto, figuravano molti laici e tra loro non poche donne.

E

21.
E come Emigrante

Perché la famiglia Bergoglio decide di lasciare Portacomaro, in provincia di Asti, per emigrare in Argentina? Problemi di soldi? Siamo all'inizio del 1929, l'anno della Grande Depressione, la crisi che mise in ginocchio l'economia mondiale. Milioni di italiani emigrano per fame. Ma non i Bergoglio. Loro partono per affetto, per tenerezza, quegli stessi valori che il loro nipote Papa avrebbe citato come fondamentali nelle omelie che avrebbero catturato poi l'attenzione di tutto il mondo. Sì, partono per nostalgia.

In Argentina si trovavano infatti già tre dei sei fratelli di nonno Giovanni e, pur lasciandone due in Italia, il nonno decide di raggiungerli. Nonno Giovanni e nonna Rosa vendono così la loro attività, una pasticceria, e gli altri pochi beni che avevano, e con il ricavato salgono sul piroscafo Giulio Cesare. E sono ormai celeberrime le due storie familiari che Bergoglio racconta sempre.

La prima è che lui non sarebbe neanche nato senza le

impreviste lungaggini che seguirono al progetto di vendita della pasticceria. Senza quei ritardi infatti i Bergoglio sarebbero partiti prima del 1929 e avrebbero preso una stanza sul Principessa Mafalda, il piroscafo vanto della marina italiana che nel 1927 si spezzò in due al largo del Brasile, quasi al termine della tratta Genova-Buenos Aires, facendo oltre 300 morti. Nelle tasche di nonno Giovanni c'erano i biglietti inutilizzati di quel piroscafo. C'è stato un tempo in cui ad affondare al largo delle coste erano migranti italiani. Con la corona di fiori che ha gettato nelle acque di Lampedusa, l'8 luglio 2013, Francesco ha voluto ricordare tutte le vittime di ogni migrazione della storia dell'uomo.

L'altra storia, più divertente, riguarda la nonna. Rosa nascose tutti i soldi, frutto delle vendite piemontesi, nella fodera del cappotto che tenne rigorosamente addosso per tutto il viaggio. Peccato che quando toccarono il suolo argentino era gennaio, sì, ma il gennaio australe, che è l'estate del Sudamerica. Non certo il momento migliore per un cappotto.

Il Papa è nato in Argentina, ma conosce bene il dialetto piemontese e per vari motivi, che poi vedremo, non esita a definirsi il più italiano della sua famiglia.

22.
E come Emozioni

Rivediamo il film di quella sera indimenticabile del 13 marzo 2013. Il cardinale Tauran ha il compito di scandire l'*Habemus Papam*. La formula è sempre la stessa da secoli, cambia solo il nome del neo eletto. Pochi istanti dopo l'ultima frase, «qui sibi nomen imposuit Franciscum», come una perfetta coreografia arriva la processione e compare il nuovo Papa. E qui provate a ingrandire l'immagine.

Ricordate? Bergoglio appare immobile, fermo, pietrificato. Per qualche secondo nessun movimento con il capo. Nessun movimento con gli occhi. Le mani ferme. La bocca bloccata. Poi al microfono dice: «Fratelli e sorelle». Si ferma. Alza la mano sinistra. «Buonasera». E si scioglie.

Ma che cosa è successo in quei 40, 50, forse 100 secondi di blocco? È successo quello che gli succede ogni volta che prova una grande emozione. Si paralizza.

Era già accaduto un altro giorno 13, quello del maggio 1992. L'allora nunzio apostolico monsignor Ubaldo Calabresi fissa con lui un appuntamento e, al termine di questioni che Bergoglio definì molto serie[1], prima di salutarlo gli comunica che è stato nominato vescovo ausiliare di Buenos Aires. E lui? «Sono rimasto paralizzato».

[1] Cfr. quanto riportato in *Papa Francesco. Il nuovo Papa si racconta*, cit.

E aggiunge: «Qualunque cosa di inaspettato, di bello o di brutto, resto sempre così. E la prima reazione è negativa».

23.
E come Eredità

Sono i buoni sentimenti, i santi valori del Vangelo, a costituire l'eredità che Jorge Mario Bergoglio riceve dai suoi. E se, alla domanda di Francesca Ambrogetti su chi sia la persona più importante della sua vita, la risposta è nonna Rosa, è chiaro che l'eredità più preziosa arrivi proprio da lei. Soldi? No. Per andare a vedere quell'eredità è necessario che lui apra la Liturgia delle Ore, cioè il libro che come ogni sacerdote Bergoglio ha in mano più volte al giorno. Ancora oggi, tra i salmi e le letture, il Papa custodisce amorevolmente alcune lettere della nonna e il suo testamento. Eccone un brano che ha reso pubblico:

> Che i miei nipoti, a cui ho dedicato il meglio di me stessa, abbiano una vita lunga e felice. Ma se un giorno il dolore, la malattia o la perdita di una persona cara dovessero riempirli di afflizione, ricordino sempre che un sospiro al Tabernacolo, dove è custodito il martire più grande e augusto, e uno sguardo a Maria ai piedi della croce possono far cadere una goccia di balsamo sulle ferite più profonde e dolorose.

24.
E come Errore

Qual è lo sbaglio più frequente, l'errore ricorrente del Papa argentino? A svelarlo è lui stesso e non è un caso che nella visita a Casal del Marmo, il carcere minorile di Roma, dove celebra la messa il Giovedì Santo del 2013, dovendo fare un esempio, abbia citato proprio il suo difetto.

Ha detto, parlando in prima persona, ma non di sé: «A volte sono un po' arrabbiato con uno, con un altro... Lascia perdere, e se ti chiedono un favore fallo...». Lo dice ai giovani detenuti, a dodici dei quali sta per lavare e baciare i piedi, ripetendo il gesto di Gesù agli apostoli nell'Ultima Cena.

È certamente quello il miglior consiglio da dare a un ragazzo, ma è anche l'errore che rimprovera di più a se stesso: «Non sono sempre comprensivo e giusto e questo mi fa male», ha dichiarato.

Ogni mattina Francesco prega per ottenere quella che Papa Giovanni XXIII chiamava "la sapienza del cuore", cioè saper trattare le persone e le situazioni, ma poi, nell'affrontare un problema, svela con un candore da bambino: «Mi sbaglio, mi comporto male e devo tornare indietro a chiedere scusa».

È vero: la responsabilità di un vescovo è grande, si tratta di decidere, di coordinare, di guidare le persone, di esercitare l'autorità. Però Bergoglio ha ammesso che gli sbagli gli sono utili, perché lo aiutano a comprendere gli errori degli altri. Come dire: sbagliamo tutti; io dai miei errori cerco di imparare, e quelli degli altri li posso capire.

F

25.
F come Fidanzata

Sì, Jorge Mario Bergoglio è stato fidanzato. Non sappiamo molto di quella ragazza. Certamente faceva parte del gruppo di amici con cui andava a ballare e forse aveva appuntamento anche con lei il 21 settembre 1953, quando, uscito da casa per raggiungerli, si sentì invece attratto in chiesa per confessarsi, ricevendo con forza dirompente e soprannaturale la chiamata di Dio al sacerdozio (ne parliamo alla lettera V di Vocazione).

Ma, in tema di fidanzata, molto interessante è quello che accadde dopo aver lasciato la sua ragazza e dopo essere entrato in seminario. Lascio alle parole di Bergoglio questo straordinario racconto:

> Mentre ero seminarista, rimasi abbagliato da una ragazza che conobbi al matrimonio di uno zio. Mi colpì la sua bellezza, il suo acume… e, beh, rimasi in confusione per un bel po' di tempo, mi faceva girare la testa. Quando tornai in seminario, dopo il matrimonio, non riuscii a pregare per un'intera settimana, perché quan-

do mi disponevo a farlo, mi appariva l'immagine della ragazza. Dovetti ripensare a cosa facevo. Ero ancora libero perché ero seminarista, potevo tornarmene a casa e tanti saluti. Dovetti ripensare dal principio alla mia scelta. E tornai a scegliere il cammino religioso, o a farmi scegliere. Sarebbe anormale se non accadessero queste cose. E quando accadono, uno deve riflettere su cosa sta facendo e dove sta andando. Deve vedere se torna a fare la stessa scelta, o se dice: «No, quello che sto provando è molto bello, ho paura che poi non terrò fede al mio impegno, lascio il seminario». Quando succede una cosa del genere a un seminarista, io lo aiuto ad andarsene con serenità, perché sia un buon cristiano e non un cattivo prete[1].

26.
F come Francesco

Perché si chiami Francesco lo ha spiegato lui stesso e lo ha fatto tre giorni dopo l'elezione, incontrando i giornalisti. Un racconto divertente, affettuoso e molto intenso, che merita di essere letto così com'è stato pronunciato:

> Nell'elezione, io avevo accanto a me l'arcivescovo emerito di San Paolo e anche prefetto emerito della Congregazione per il Clero, il cardinale Claudio Hummes: un grande amico, un grande amico! Quando la cosa diveniva un po' pericolosa, lui mi confortava. E quando i voti sono saliti a due terzi, viene l'applauso consueto, perché è stato eletto il Papa. E lui mi abbracciò, mi baciò e mi

[1] Riportato in *Il cielo e terra*, cit.

disse: «Non dimenticarti dei poveri!». E quella parola è entrata qui: i poveri, i poveri. Poi, subito, in relazione ai poveri ho pensato a Francesco d'Assisi. Poi, ho pensato alle guerre, mentre lo scrutinio proseguiva, fino a tutti i voti. E Francesco è l'uomo della pace. E così, è venuto il nome, nel mio cuore: Francesco d'Assisi. È per me l'uomo della povertà, l'uomo della pace, l'uomo che ama e custodisce il creato; in questo momento anche noi abbiamo con il creato una relazione non tanto buona, no? È l'uomo che ci dà questo spirito di pace, l'uomo povero... Ah, come vorrei una Chiesa povera e per i poveri! Dopo, alcuni hanno fatto diverse battute. «Ma, tu dovresti chiamarti Adriano, perché Adriano VI è stato il riformatore, bisogna riformare...». E un altro mi ha detto: «No, no: il tuo nome dovrebbe essere Clemente». «Ma perché?». «Clemente XV: così ti vendichi di Clemente XIV che ha soppresso la Compagnia di Gesù!». Sono battute... Vi voglio tanto bene, vi ringrazio per tutto quello che avete fatto.

Legata a questo nome c'è poi una richiesta che Bergoglio ha lanciato alla folla una volta soltanto. Il pomeriggio del 18 maggio 2013 il Papa è in piazza San Pietro per l'incontro con le aggregazioni laicali, nell'ambito dell'Anno della Fede. Fa un giro lunghissimo con la jeep bianca e saluta tutti, ricambiato con l'affetto che sappiamo. Ma poco dopo al microfono esordisce così: «Adesso, vorrei fare un piccolo rimprovero, ma fraternamente, tra noi. Tutti voi avete gridato nella piazza: "Francesco, Francesco, Papa Francesco". Ma Gesù dov'era? Io avrei voluto che voi gridaste: "Gesù, Gesù è il Signore, ed è proprio in mezzo a noi!". Da qui in avanti, niente "Francesco", ma "Gesù!"». Un grande applauso suggella questo improvviso *motu proprio*, questa disposizione papale orale e inattesa, ma, onestamente, già un minuto dopo il popolo gridava: «Francesco!». La riforma dell'urlo, chiamiamola così, o del nome, avrà bisogno di non poco tempo per una completa messa in pratica.

G

27.
G come Gesti

Per Papa Francesco il segno del potere è la tenerezza. E il modello è san Giuseppe. Il papà di Gesù «appare come un uomo forte, coraggioso, lavoratore, ma nel suo animo emerge una grande tenerezza, che non è la virtù del debole, anzi, al contrario, denota fortezza d'animo e capacità di attenzione, di compassione, di vera apertura all'altro, capacità di amore. Non dobbiamo avere timore della bontà, della tenerezza!»[1].

Non stupiscano allora i suoi baci, i suoi giri in papamobile che durano anche un'ora; non stupisca che l'auto esca da piazza San Pietro per permettere al Papa di vedere e di salutare tutti, ma proprio tutti, che raggiunga via della Conciliazione e la percorra fino alla fine e che, dinanzi a una signora emozionata perché sta salutando il Papa, quest'ultimo si chini a raccogliere e a restituire la borsa che le è caduta. È successo anche questo.

[1] Omelia nella messa per l'inizio del ministero petrino, 19 marzo 2013.

28.
G come Gesuita

Perché Bergoglio sceglie di entrare nei gesuiti, lasciando per questo il seminario diocesano dopo un anno? Perché era conquistato dall'immagine di linea avanzata, di spinta missionaria che la Compagnia di Gesù meritatamente vantava e vanta tuttora. Il giovane Jorge voleva fare il missionario. E non era forse gesuita il patrono dei missionari, san Francesco Saverio? Così, quasi rivedendosi sulle orme di Francesco Saverio, mentre studiava teologia prende carta e penna e scrive al Generale, cioè al padre che guidava a quel tempo la Compagnia di Gesù, Pedro Arrupe, chiedendo di essere mandato in Giappone.

Padre Arrupe riflette qualche giorno e dà la risposta. Lascio che a spiegarla sia proprio Bergoglio: «Padre Arrupe ha pensato e mi ha detto: "Ma lei ha avuto una malattia al polmone, quello non è tanto buono per un lavoro tanto forte". E così sono rimasto a Buenos Aires. Ma il Padre Arrupe è stato tanto buono, perché non ha detto: "Lei non è tanto santo per diventare missionario": era buono, aveva carità»[2].

Scherza, ma il colpo fu duro.

S'inginocchiò subito davanti al Santissimo, chiedendogli perché avesse messo nel suo cuore un desiderio che non poteva raggiungere per un problema di salute.

[2] 7 giugno 2013, incontro con gli studenti delle scuole rette dai gesuiti.

Dov'era il senso? Il suo era un travaglio che ricordava quello di santa Teresa di Lisieux, patrona anche lei delle missioni, desiderosa di andarci, ma impossibilitata per motivi di salute. Praticamente la sua storia. E infatti di quella santa è devotissimo, come racconteremo.

Intanto però i suoi sogni infranti sul Giappone sono una delle cose su cui gli viene più facile scherzare: «C'è gente, qui in Argentina, che si sarebbe salvata da me, se fossi andato in Giappone, o no?».

29.
G come Giovani

Per migliaia di giovani della parrocchia di San José padre Bergoglio, il loro parroco, è l'inventore del cinema. Sì, perché in tutto il quartiere negli anni Ottanta non c'era una sola sala. E i ragazzi crescevano senza aver visto neppure un film. Bergoglio aveva una grande pena per questi giovani ai quali tutto era negato. Il Colegio Maximo dei gesuiti, collegato alla parrocchia, aveva però una sala cinema grande e confortevole, e allora l'ordine fu chiaro: apriamo la sala al quartiere. Ogni domenica, in orari diversi da quelli del catechismo, veniva proiettato un film. Era una grande fatica per i giovani del Colegio, ai quali toccava pulire prima e dopo. Ma era un compito che svolgevano con piacere.

«Fate felici i giovani; fate che ridano, che si divertano», diceva padre Bergoglio ai futuri sacerdoti gesuiti che animavano quei campeggi. Non diceva: evangelizzateli, ma: fateli felici. Quei bambini di allora hanno oggi circa quarant'anni e sono quasi tutti padri. I loro figli, rigorosamente battezzati, sono l'orgoglio di nonno Bergoglio.

30.
G come Gusti

Che cosa piace al Papa? S'intende di musica, di letteratura, di cinema? Guarda la TV? Ascolta la radio? E internet? Andiamo con ordine.

È un grandissimo appassionato di libri (e alla lettera L vedremo di quali). Gli piace la musica classica, il tango, la milonga. Gli piaceva ballare da giovane.

Non sembra che nella sua stanza in Argentina ci fosse un televisore: preferisce informarsi leggendo i giornali, che comprava personalmente dal suo edicolante. Non è stato finora un appassionato di nuove tecnologie e di internet.

Di cinema invece è esperto: da bambino frequentava con i fratelli il cinema del quartiere, dove proiettavano fino a tre film diversi al giorno. I genitori gli facevano vedere Anna Magnani e Aldo Fabrizi ed è rimasto un cultore del neorealismo. Il suo film preferito è *Il pranzo di Babette*, ma, rispondendo in aula Paolo VI alla domanda di un bambino che gli chiedeva se fosse stato mai in

Sicilia, ha svelato che deve la conoscenza di quella regione a un film dei fratelli Taviani, *Kaos*.

Ai suoi studenti del Colegio Maximo consigliava in TV solo alcuni programmi, selezionatissimi, e regalava i biglietti per l'Opera, «perché – diceva – dovete conoscere queste cose, è importante conoscere, questa è cultura: la musica classica, la lettura dei classici è cultura».

Il tango invece non è solo musica. Capita spesso di sentirlo citare ora questo ora quell'autore, come si fa con i filosofi o con gli scrittori. Infine la radio: l'ascolta, ma solo per la musica classica, con il cui sottofondo sa anche lavorare e qualche volta, come racconta la giornalista Evangelina Himitian, anche dormire[3].

[3] In *Francesco. Il Papa della gente*, cit.

H

31.
H come Hölderlin

Friedrich Hölderlin è il poeta preferito da Bergoglio, che lo ha definito «un grande maestro della nostalgia». Tedesco, vissuto fino al 1843, è uno dei maggiori esponenti del romanticismo europeo. La cosa deve aver prodotto un certo orgoglio tra i tedeschi, al punto che la cancelliera Angela Merkel, in visita ufficiale dopo l'elezione del 13 marzo, ha pensato bene di regalare al neopontefice tre volumi di Hölderlin in un'edizione originale del 1905. Mentre glieli consegnava, con orgoglio teutonico ha scandito: «Ma lei Hölderlin lo conosce bene». Il Papa non ha potuto fare altro che confermare.

I

32.
I come Immagini

Sarà l'amore per la letteratura e per le arti, sarà l'abitudine alla lettura, certo è che Papa Francesco sa davvero usare le parole.

Ha il dono di inventare immagini e di costruire metafore che sono nello stesso tempo eleganti e popolari, cariche di significato e semplici da ricordare. Tra le tante ne propongo dieci, tutte da meditare.

1. *Una carezza nella notte*: «In mezzo alla "notte", alle tante "notti", ai tanti peccati che noi facciamo, c'è sempre quella carezza del Signore che fa dire: "Questa è la mia gloria"» (26 marzo 2013, Omelia a Santa Marta).
2. *Le lacrime? Sono occhiali*: «A volte, nella vita, gli occhiali per vedere Gesù sono le lacrime. Piangiamo per il bene, per i nostri peccati, per le grazie, per la gioia. Domandiamoci: abbiamo avuto quella bontà delle lacrime che preparano gli occhi per guardare,

per vedere il Signore?» (2 aprile 2013, Omelia a Santa Marta).

3. *Turbolenza spirituale*: «Preghiamo la Madonna che ci protegga, e nei tempi di turbolenza spirituale il posto più sicuro è sotto il suo manto» (15 aprile, Omelia a Santa Marta).
4. *Chiesa babysitter*: «Annunciare Gesù con la nostra vita: quando facciamo questo, la Chiesa diventa una Chiesa madre che genera figli; ma quando non lo facciamo, la Chiesa diventa non madre, ma babysitter, che cura il bambino per farlo addormentare. È una Chiesa sopita. Pensiamo alla responsabilità del nostro battesimo» (17 aprile, Omelia a Santa Marta).
5. *Un dio spray*: «In quale Dio tu credi? Un "dio diffuso", un "dio spray", che è un po' dappertutto ma non si sa che cosa sia? Noi crediamo in Dio che è Padre, che è Figlio, che è Spirito Santo. Noi crediamo in Persone, e quando parliamo con Dio parliamo con Persone: o parlo con il Padre, o parlo con il Figlio, o parlo con lo Spirito Santo. E questa è la fede» (18 aprile, Omelia a Santa Marta).
6. *Gesù non è una tintoria*: «Il confessionale non è una tintoria: è un incontro con Gesù, con quel Gesù che ci aspetta, ma ci aspetta come siamo. "Ma, Signore, senti, sono così...", ma ci fa vergogna dire la verità: "Ho fatto questo, ho pensato questo...". Ma la vergogna è una vera virtù cristiana e anche umana... la capacità di vergognarsi! Io non so se in italiano si

dice così, ma nella nostra terra a quelli che non possono vergognarsi dicono: "sin vergüenza", senza vergogna. È un "senza vergogna", perché non ha la capacità di vergognarsi e vergognarsi è una virtù dell'umile, di quell'uomo e di quella donna che è umile» (29 aprile, Omelia a Santa Marta).

7. *Il signor lamentela*: «Quando vengono le difficoltà, arrivano anche molte tentazioni. Per esempio il lamento: "Ma guarda quel che mi viene...". Un lamento! E un cristiano che continuamente si lamenta smette di essere un buon cristiano: è il signore o la signora lamentela, no? Perché sempre si lamenta di tutto, no? Il silenzio nel sopportare, il silenzio nella pazienza. Quel silenzio di Gesù: Gesù nella sua passione non ha parlato di più, soltanto due o tre parole necessarie... Ma anche non è un silenzio triste: il silenzio del sopportare la croce non è un silenzio triste. È doloroso, tante volte molto doloroso, ma non è triste. Il cuore è in pace. Paolo e Sila pregavano in pace. Avevano dolori, perché si dice che poi il signore del carcere ha lavato loro le piaghe – avevano piaghe –, ma sopportavano in pace. Questo cammino di sopportazione ci fa approfondire la pace cristiana, ci fa forti in Gesù» (7 maggio, Omelia a Santa Marta).

8. *Peperoncini all'aceto*: «Se vogliamo avere questa gioia soltanto per noi alla fine si ammala e il nostro cuore diviene un po' stropicciato, e la nostra faccia non

trasmette quella gioia grande, ma quella nostalgia, quella malinconia che non è sana. Alcune volte questi cristiani malinconici hanno più faccia da peperoncini all'aceto che quella di chi è gioioso e ha una vita bella. La gioia non si può fermare: deve andare avanti» (10 maggio, Omelia a Santa Marta).

9. *Cristiani da museo*: «Il sale ha senso quando si dà per insaporire le cose. Anche penso che il sale conservato nella bottiglietta, con l'umidità, perde forza e non serve. Con l'adorazione del Signore e con l'annunzio evangelico io vado fuori da me stesso per dare il messaggio. Ma se noi non facciamo questo, il sale rimarrà nella bottiglietta e noi diventeremo cristiani da museo. Possiamo far vedere il sale: questo è il mio sale. Ma che bello che è! Questo è il sale che ho ricevuto nel Battesimo, questo è quello che ho ricevuto nella Cresima, questo è quello che ho ricevuto nella catechesi... Ma guardate: cristiani da museo! Un sale senza sapore, un sale che non fa niente!» (23 maggio, Omelia a Santa Marta).

10. *Le luci allo stadio Olimpico*: «La realtà, a volte buia, segnata dal male, può cambiare, se noi per primi vi portiamo la luce del Vangelo soprattutto con la nostra vita. Se in uno stadio – pensiamo qui a Roma all'Olimpico, o a quello di San Lorenzo a Buenos Aires – in una notte buia una persona accende una luce, si intravede appena, ma se gli oltre settantamila spettatori accendono ciascuno la propria luce, lo sta-

dio si illumina. Facciamo che la nostra vita sia una luce di Cristo; insieme porteremo la luce del Vangelo all'intera realtà» (12 giugno, Udienza del mercoledì).

33.
I come Italiano

Jorge Bergoglio non è nato in Italia e, a parte il sangue italiano, è argentino al 100%. Però c'è una definizione sorprendente che lui dà di sé: «Io sono il più italiano della mia famiglia». Che vuol dire? Per spiegarlo dobbiamo entrare nella casa dei suoi nonni.

Jorge comincerà a frequentarla all'età di 13 mesi, perché la mamma resta incinta quasi subito di un altro figlio. Lì frequenterà il più importante collegio di umanità e di teologia della sua vita, nonna Rosa, ma anche la più approfondita scuola d'italiano e d'italianità che potesse immaginare. Ascoltando il nonno e la nonna, Jorge impara addirittura il dialetto piemontese e se per il padre l'argomento Italia era un capitolo doloroso (praticamente con lui non riuscirà mai a parlarne, constatando ogni volta non solo un rifiuto, ma una vera e propria fuga, come se la patria lontana, abbandonata da ragazzo, fosse rimasta una ferita sanguinante), con i nonni tutto sarà più sereno.

Parole, tradizioni, cultura, fede al tricolore: Bergoglio si abbevera come un bambino al seno della madre. Se a questo aggiungiamo l'amore per i film italiani, quello sì imparato in casa con i genitori, ne vien fuori che il Papa argentino è anche un Papa italiano, ma di una pasta che oggi in Italia non c'è più. È l'Italia di settant'anni fa, meno metropoli e più cuore. Una fotografia limpida di noi, che ci ritorna dal Sudamerica e che fa sbiadire le immagini scattate in questi anni di crisi educativa, a volte senza identità.

L

34.
L come Laici

Quello che pensa dei laici è ben rappresentato da una storia che ama spesso raccontare e che ha per protagonista il Giappone, dove nel XVII secolo, a causa di una sanguinosa persecuzione dei cristiani, furono uccisi o allontanati tutti i sacerdoti. Il Paese rimase per duecento anni senza preti, ma quando tornarono i missionari non trovarono, come temevano, comunità perse e abbandonate, ma «tutto a posto, tutti battezzati, tutti catechizzati, tutti sposati in chiesa»[1]. In duecento anni, senza sacerdoti, la fede si era mantenuta grazie ai battezzati, ai laici; una continuità, una trasmissione della fede esemplare.

È anche per questo che nelle Villas Miserias, le baraccopoli di Buenos Aires, padre Bergoglio affidava tanto lavoro proprio ai laici. Ma attenzione: «La clericalizzazione è un problema – avverte –, i preti clericalizzano i laici e i laici ci chiedono di essere clericalizzati»[2].

[1] Dall'omelia a Santa Marta del 17 aprile 2013.

[2] G. Valente, *Francesco. Un Papa dalla fine del mondo*, cit.

35.
L come Lavoro

L'estate della terza media porta una grande novità al giovanissimo Jorge. In modo piuttosto sorprendente per lui, ma in fondo non tanto per una famiglia degli anni Cinquanta, emigrata e con una spiccata etica del lavoro, papà Mario informa il figlio di aver preso una decisione: «Ho pensato che quest'estate, durante le vacanze, potresti iniziare a lavorare. Proverò a cercarti qualcosa». Jorge non se l'aspettava e ne resta stupito: in fondo in casa non mancava nulla. E infatti l'obiettivo del papà non era arrotondare il bilancio familiare, ma abituare il giovane alla fatica. Jorge inizia poco tempo dopo e per due anni farà le pulizie in una fabbrica di calze, prima di passare al settore amministrativo. Successivamente viene assunto dal laboratorio di analisi Hickethier e Bachmann[3], dove lavora di mattina, mentre al pomeriggio frequenta l'istituto industriale specializzato in chimica dell'alimentazione.

Quando ripensa a quegli anni Bergoglio prova una profonda gratitudine nei confronti di chi l'ha convinto a lavorare e delle persone che ha incontrato. Chi meglio di un Papa che ha lavorato, che è stato il ragazzo delle pulizie, può sapere che cos'è il lavoro e quali difficoltà e quali gioie le donne e gli uomini incontrano ogni giorno?

[3] Cfr. E. Himitian, *Francesco. Il Papa della gente*, cit.

36.
L come Libri

Manzoni, Dostoevskij, Dante e Borges: questi gli autori preferiti di Jorge Bergoglio, che nell'anno scolastico 1964-1965 ha insegnato letteratura al Collegio dell'Immacolata Concezione di Santa Fe. Gli studenti di allora ricordano molto bene questo giovanotto, non ancora prete, appassionato di letteratura, a cui i superiori avevano chiesto di diventare insegnante di una materia umanistica, avendo però fatto studi scientifici. E ricordano benissimo quel giorno in cui annunciò alla classe, più sorpreso che fiero, che Jorge Luis Borges aveva accettato l'invito ad andare a incontrarli. Il grande scrittore stette con gli studenti cinque giorni. Gli studenti più fortunati della storia: davanti a loro, contemporaneamente, uno dei più grandi narratori del Novecento e il futuro Papa.

M

37.
M come Maiali

Non ci sono fotografie, ma la testimonianza dei ragazzi del Colegio Maximo vale più di una foto. Negli anni in cui Bergoglio è rettore, il Colegio aveva un porcile con i maiali, ai quali bisognava portare quotidianamente acqua e cibo. Se ne occupavano i ragazzi con turni settimanali, ma ogni giorno, a sporcarsi letteralmente le mani, affondando i piedi nel fango e affrontando una fatica non da poco, arrivava anche lui, il rettore.

Non c'era lavoro umile dal quale Bergoglio si esentasse o che non condividesse con i suoi ragazzi. Lo ricordano ancora oggi: «Non ha mai dato un ordine restando seduto a guardare. Ci dava l'esempio sporcandosi le mani».

38.
M come Malattia

Al Papa manca la parte superiore del polmone destro. Gli è stata asportata nel 1957, a 21 anni, dopo momenti di grandissimo dolore. Ha raccontato a Francesca Ambrogetti di essere stato tra la vita e la morte per tre giorni. Un giorno, in preda agli spasmi, con la febbre alta e stravolto dalla fatica, si aggrappò alla mamma come un bambino di pochi anni, piangendo: «Dimmi, che cosa mi succede?». I medici trovarono tre cisti nel polmone, causa di una polmonite gravissima. Ma prima che arrivasse la cura, con l'operazione e l'asportazione, il Signore gli mandò un farmaco potente. Arrivò la suora che lo conosceva da bambino, da quando l'aveva preparato alla prima comunione, e gli disse: «Stai seguendo l'esempio di Gesù». A guarirlo nel corpo furono i medici. Ma nell'animo fu suor Dolores, con quelle parole che lo aprirono a un punto di vista, diciamo così, "dall'Alto", che fino ad allora non aveva avuto.

A vedere oggi il Papa camminare con passo svelto, a volte un po' zoppicante, sembra strano pensare che abbia una menomazione come quella a un polmone. Chi lo segue da vicino, però, sa bene che dopo un lungo sforzo ha bisogno di fermarsi. E tuttavia non si capacita di come abbia potuto farlo, quello sforzo.

39.
M come Mamma

Di mamma Regina abbiamo parlato finora come di colei a cui Bergoglio non disse subito della vocazione. È la stessa che impiegò anni ad accettarla, quella vocazione. Ma l'abbraccio disperato in ospedale, appena raccontato, è la prova di un rapporto intenso e robusto.

Regina è una donna molto bella. Rassicurante, solare, sorridente. Buona. Di origine italiana come papà Mario. È lei che ha trasmesso ai cinque figli l'amore per l'opera. Li riuniva intorno alla radio, anticipava le trame, spiegava i passaggi. Una cosa meravigliosa, la definisce Bergoglio. E c'era senz'altro il ricordo di mamma Regina in quel gesto che i suoi ragazzi del Colegio Maximo ancora ricordano, quando, sventolando i biglietti in mano, li accompagnava a teatro per ascoltare (e far loro conoscere) i segreti dell'opera.

40.
M come Maria

Sono le 8.30 del 14 marzo 2013. Da poco più di dodici ore la Chiesa cattolica ha un nuovo Papa. Le redazioni sono ancora in subbuglio, quando un flash d'agenzia fa subito capire che aria tira e che pontificato sarà. Il Papa è di ritorno dalla basilica di Santa Maria Maggiore. Di per sé, non è una notizia: lo aveva anticipato lui stesso la sera prima dalla loggia di San Pietro, che sarebbe andato a pregare la Madonna. La notizia è semmai un'altra: e cioè che all'ora in cui le redazioni devono ancora carburare, il Papa è già andato, ha già fatto, ha già finito. Scopriremo da qui che Bergoglio è un mattiniero, che dorme poco. Resta il fatto che di buon'ora, e come primo vero atto del pontificato, Papa Francesco ha voluto andare a pregare la Madre di Dio.

Bergoglio è devotissimo a Maria; e innanzitutto a Nostra Signora di Luján, la Madonna degli argentini, un'immagine che ricorda la Vergine di Loreto (anche se il legno è di colore bianco) e richiama quella di Pompei, perché è festeggiata l'8 maggio, il giorno della supplica nella cittadina campana. Padre Bergoglio non mancava mai quel giorno al santuario, a una settantina di chilometri da Buenos Aires, dove ogni anno si ritrova un milione di giovani alla fine di un pellegrinaggio sfiancante.

Ma Bergoglio visitava spesso anche la piccola chiesa di Nostra Signora di Caacupé, la Madonna delle Villas Miserias, la cui chiesa ha muri bianchi, candidi addirittura, nelle baraccopoli.

E poi c'è la Madonna che scioglie i nodi. Ha conosciuto questa bella devozione in Germania, dove ha studiato teologia per qualche tempo, portandone poi in Argentina il quadro. Oggi è una delle devozioni più diffuse del Paese. E nei giorni della recitatissima novena, gli argentini non possono che pensare al loro ex primate che l'ha fatta conoscere loro.

41.
M come Minacce

Ha mai ricevuto minacce padre Bergoglio? Ho fatto questa domanda a molte persone che conoscono da vicino Papa Francesco, ma nessuno sa nulla. Se la risposta è sì, è probabile che non ne abbia fatto parola con alcuno, per non spaventare, forse per non subire limitazioni nella sua opera pastorale, confidando unicamente nella Provvidenza. Sappiamo che frequentava le Villas Miserias, cioè le baraccopoli, e che la cosa poteva dare fastidio. Sappiamo che ha difeso, nascosto, aiutato a fuggire persone invise al regime di Videla. E sappiamo che è stato sempre in mezzo alla gente, facilmente raggiungibile. E allora?

Certamente le minacce le hanno ricevute i suoi preti più esposti. Tra loro padre José Maria Di Paola, detto padre Pepe, un ragazzo, con una barbetta simpatica, di origine italiana, calabrese. Come ha raccontato Bergoglio a Gianni Valente, una sera dell'aprile 2009 un uomo ben vestito, con accento della capitale, quindi venuto da fuori e non dalla Villa, ferma padre Pepe che tornava a casa in bicicletta. «Sei tu padre Pepe? Se non la smetti, ti facciamo fuori. Te l'abbiamo giurata». Qual era la colpa del sacerdote? Quella di aver denunciato che nelle Villas si vendeva droga liberamente. Un mercato libero, altamente remunerativo quanto indegno.

Padre Pepe ne parla con Bergoglio che comincia a pregare. Si mette in ginocchio, davanti al Santissimo, con una richiesta: che fare? Che fare, ora che i nostri preti rischiano la vita per Te? Che devo fare io per loro? Nella preghiera trova una via che con coraggio percorrerà subito. Decide di rendere pubblica quella minaccia, senza svelare l'identità del prete. Lo fa al termine di un'omelia. È bastato. Padre Pepe non l'hanno neppure sfiorato, come non hanno toccato i centri di accoglienza e le strutture aperte nelle Villas dalla diocesi.

42.
M come Miracoli di Bergoglio

Quel giorno, era il 19 dicembre del 1985, l'edicolante aspettava padre Bergoglio con un sorriso particolare. Aveva messo da parte una copia de *El Litoral* e sperava che il gesuita non vedesse le locandine appese fuori. Sì, perché quella mattina c'era veramente da ridere: «I miracoli di padre Bergoglio», diceva il titolo a tutta pagina. Miracoli? Quali miracoli? Bergoglio era parroco della chiesa di San José e rettore del Colegio Maximo. Da cinque anni si era impegnato tantissimo, certo, ma "miracoli" è un parolone.

Così, quando arrivò all'edicola, si ritrovò sotto gli occhi l'ultima copia rimasta del quotidiano, con quel titolone lì.

Colpito, andò a leggere.

Primi due miracoli riconosciuti a Bergoglio dalla stampa: l'apertura di due chiese in uno dei quartieri più dimenticati nel Nord-Est di Buenos Aires, più altre due in programma.

Terzo miracolo: le attività sociali per le famiglie e i bambini della zona, che, scriveva il giornale, «non sembrano più le persone arrabbiate che fino a poco tempo fa accoglievano gli estranei con le pietre».

Quarto miracolo: l'inaugurazione della più grande biblioteca di teologia e filosofia di tutta l'America Latina, quella del Colegio Maximo.

E, quinto miracolo: un congresso teologico internazionale.

Non sono pervenuti i commenti, sicuramente taglienti, del futuro Papa.

43.
M come Misericordia

È la parola più usata. Il centro del suo insegnamento: Dio non si stanca mai di perdonare. D'altronde gliel'ha detto anche una signora anziana che voleva confessarsi, come ha raccontato la domenica del primo Angelus.

Bergoglio: «Ma se lei non ha peccato…».
Signora: «Tutti abbiamo peccati…».
B.: «Ma forse il Signore non li perdona…».
S.: «Il Signore perdona tutto».
B: «Ma come lo sa, lei, signora?».
S.: «Se il Signore non perdonasse tutto, il mondo non esisterebbe».
B: «Mi dica, signora, lei ha studiato alla Gregoriana? Perché quella è la sapienza che dà lo Spirito Santo: la sapienza interiore verso la misericordia di Dio. Non dimentichiamo questa parola: Dio mai si stanca di perdonarci, mai!».
S: «Eh, padre, qual è il problema?».
B: «Eh, il problema è che noi ci stanchiamo, noi non vogliamo, ci stanchiamo di chiedere perdono. Lui mai si stanca di perdonare, ma noi, a volte, ci stanchiamo di chiedere perdono».

E il Papa ha coniato poi una nuova definizione, molto significativa: la "Scienza della tenerezza".

44.
M come Morte

Bergoglio è stato sul punto di morire a 21 anni, ha visto morire i suoi genitori e tre dei quattro fratelli. La sofferenza è entrata nella sua vita e nella sua famiglia. Sono stati momenti dolorosi, dai quali ha tratto un insegnamento personale che al rabbino Skorka ha raccontato con queste secche parole: «Ho visto morire chi è venuto prima di me. Adesso tocca a me. Non so quando».

Bergoglio definisce la morte una «compagna di vita quotidiana», alla quale pensa ogni giorno per dare a ogni giorno un valore, relativizzando se stesso, ma assolutizzando il tempo che vive, perché è un dono. La morte fa paura? Sì, ed è normale perché è un distacco, però «quando siamo sul punto di spiccare il volo, Dio ci porge la sua mano». Perché – spiega – è il Dio della vita, non della morte. La quale è entrata nel mondo con il demonio.

45.
M come Motto

«Miserando atque eligendo». Cioè: «Con amore [lo guardò] e lo scelse». Questo è il significato del motto episcopale di monsignor Bergoglio, rimasto immutato dopo l'elezione a Papa. Lo ha trascritto dalle *Omelie* di san Beda il Venerabile, quando quest'ultimo commenta il brano della chiamata di Matteo, quello che Caravaggio ha trasformato nel capolavoro di tutti i tempi, visibile a Roma nella chiesa di San Luigi dei Francesi.

Ed è il brano all'interno del quale Bergoglio si è ritrovato, quando ha vissuto quell'evento dirompente e soprannaturale che è stato la chiamata al sacerdozio. Ma "misericordia" è anche la parola più utilizzata nelle omelie e nei discorsi. Il motto di Bergoglio è quindi una fotografia della sua vocazione e del suo magistero.

N

46.
N come "Non abbiate paura"

Quando Gesù entra a porte chiuse nel cenacolo, tra i discepoli impauriti dopo la sua morte, dice: «Non abbiate paura».

Quando l'angelo sveglia i pastori, nella notte di Natale, dice: «Non abbiate paura».

E quando l'Arcangelo Gabriele incontra Maria, nel mistero dell'Annunciazione, la rassicura: «Non aver paura».

Queste tre meravigliose parole, «non abbiate paura», sono le stesse che Giovanni Paolo II ha brandito come un bastone contro i nemici dell'uomo per l'intero suo pontificato.

Con Bergoglio assistiamo ora a una nuova specificazione. Che ha qualcosa di geniale. L'oggetto da non temere infatti non è forte, ma leggero; non è ferro, ma è piuma.

Dice: «Non dobbiamo avere paura della bontà, anzi

neanche della tenerezza»[1]. Che vuole dire: proviamo ad abbassare la guardia? A vivere più serenamente? A cercare l'armonia? Intanto ha cominciato lui, per primo: sempre sorridente, energico, generoso, disponibile.

E il «non abbiate paura», con un significato nuovo, continua a risuonare nella Chiesa.

47.
N come Nonna

Ovvero la persona più importante nella vita di Bergoglio, per sua stessa ammissione. Con nonna Rosa Jorge cresce, mentre la mamma e il papà si prendono cura del secondo figlio, nato pochi mesi dopo di lui. Nonna Rosa era una donna di profonda spiritualità, capace di catturare l'attenzione dei nipoti parlando di Gesù e spiegando il catechismo. Il primo annuncio cristiano ricevuto dal Papa arriva da lei, con gesti, parole e devozioni.

Ogni anno il Venerdì Santo porta i nipoti alla processione delle candele e, alla comparsa della statua del Cristo morto, fa inginocchiare i bambini e dice: «Guardate. È morto, ma domani risuscita!».

Quando Jorge decide di diventare sacerdote, la nonna finge di restare sorpresa, ma nel suo cuore aveva già capito tutto. Sono della nonna le parole che il Papa ancora

[1] 19 marzo 2013, Omelia pronunciata durante la messa di inizio pontificato.

oggi conserva nella Liturgia delle Ore; è lei a rassicurarlo negli anni del seminario, approvando la scelta, ma ricordandogli che la porta di casa è sempre aperta se deciderà di tornare indietro. E questo mentre la mamma era rimasta sostanzialmente chiusa in un mutismo di non accettazione.

O

48.
O come Omelie

Bergoglio ha inventato un nuovo modo di essere Papa: fare il parroco. La messa del mattino non è più privata, riservata, sconosciuta ai media e al popolo.

Francesco celebra ogni giorno davanti a gruppi sempre nuovi e a telecamere che rilanciano una sintesi delle sue parole. Questo vuol dire che ogni giorno, nella semplicità di una cappella costruita non per il Papa, Francesco lancia un messaggio di buona vita cristiana o apre la porta di una particolarissima scuola di preghiera.

Legge un testo? Mai. Parla a braccio, come un parroco.

Commenta la Parola del giorno, ricavandone un piccolo-insegnamento-mai-piccolo, che ciascuno può mettere in borsa per passare la giornata. A volte si ripete, lo sa e lo sottolinea. Perché il modello di questa predicazione è la pioggia, che scava anche la roccia. È la certezza biblica che la Parola non si disperde.

L'omelia di Santa Marta somiglia a una semina. Piccola, nascosta, costante, semplice. Da quella cappelletta il Papa prende il mondo per mano.

49.
O come ONG

No, la Chiesa non è una ONG, cioè un'Organizzazione Non Governativa, magari anche benemerita, che fa cose buone nel mondo e salva la gente. Anche se la Chiesa è tutto questo e fa tutto questo, non è solo questo. Eccolo uno dei pensieri che sta più a cuore a Francesco.

Una ONG è un'organizzazione, è un ufficio, sono persone che lavorano a un progetto. La Chiesa – ha detto una volta[1] – è invece una storia d'amore, di cui facciamo parte e in cui non conta l'efficientismo. Gli uffici sono importanti, ma non sono l'essenziale della Chiesa, il cui valore è vivere il Vangelo e dare testimonianza della fede.

50.
O come l'Ottavo sacramento (la dogana pastorale)

I sacramenti, lo sappiamo, sono sette. Ma Papa Francesco, nella sua esperienza di parroco e di vescovo, ha scoperto che ce n'è un ottavo. Lo dice seriamente, ma la faccenda nasconde un'ironia pungente. Per spiegarlo racconta la storia di una ragazza, chiamiamola Maria.

[1] 24 aprile 2013, Omelia a Santa Marta.

Maria è una ragazza madre, ha avuto un bambino non sappiamo da chi. È sola, ha tanti problemi, tuttavia vuole battezzare il piccolo. E che fa? Va in parrocchia. Entra nell'ufficio parrocchiale e dice: «Vorrei battezzare il mio bambino». Seduto a un tavolo c'è un collaboratore del parroco, che inizia a guardarla imperturbabile dal basso e le risponde: «No, tu non puoi perché non sei sposata!».

Qui il Papa mantiene a stento la pazienza: «Ma guarda: questa ragazza ha avuto il coraggio di portare avanti la sua gravidanza, di non rinviare il figlio al mittente, e cosa trova? Una porta chiusa! Questo non è buono zelo! Allontana dal Signore! Non apre le porte! E così quando noi siamo su questa strada, in questo atteggiamento, non facciamo bene alle persone, alla gente, al popolo di Dio». E arriva la stoccata finale: «Gesù ha istituito sette sacramenti e noi con questo atteggiamento istituiamo l'ottavo: il sacramento della dogana pastorale!»[2].

[2] 25 maggio 2013, Omelia a Santa Marta.

P

51.
P come Papà

Mentre Jorge è nato in Argentina e l'Italia l'ha conosciuta solo attraverso le parole dei nonni, e mentre i nonni hanno lasciato l'Italia consapevolmente, inseguendo un progetto che era quello della ricomposizione familiare, il papà del Papa, Mario, arriva a Buenos Aires all'età difficile di ventun'anni. Certo è qui che nel 1934 incontra Regina, che sposerà l'anno dopo, è qui che costruisce la sua vita e tutto il suo mondo, però ha l'Italia nel cuore e la separazione è drammatica.

Bergoglio racconta che il papà reagiva in modo strano quando si parlava del Piemonte, della lingua, dei ricordi italiani. Deve essergli costato moltissimo lasciare casa e la nostalgia è rimasta la malattia di tutta la vita. È il destino di molti emigranti. Ma Mario è anche l'uomo capace di ricominciare da capo quando gli affari iniziano ad andare male. È lui a spingere Jorge a lavorare dopo la terza media. È lui, molto probabilmente, a decidere gli studi superiori del figlio, ma è anche la prima persona con cui Jorge si confida quando vuole raccontare la scoperta della vocazione.

Jorge ha imparato ad amare del papà i silenzi e a rispettarne il dolore. Gli unici aspetti rocciosi, più per difesa che per indole, di un uomo che gli ha insegnato l'abnegazione, il senso della famiglia e l'etica del lavoro.

52.
P come Parrocchia

Ma anche P come Pecore, oppure P come Pastore o ancora P come Pettinare o Puzzare. Perché l'immagine nella quale Bergoglio è completamente immerso, misticamente immerso, è quella biblica del pastore buono che va in cerca dell'unica pecora dispersa e lascia le novantanove che sono nel recinto.

Ha detto una volta che i Pastori devono puzzare di pecora (proprio così: puzzare), perché quando si caricano sulle spalle gli animali feriti, smarriti, stanchi, s'impregnano del loro odore: e dev'essere così! Un'altra volta, invece, ha avvisato i parroci e le parrocchie del fatto che non devono perdere tempo a pettinare le pecore, mettendo i bigodini (ha detto proprio così), cioè preoccupandosi solo di custodire i fedeli che hanno avuto la compiacenza o la fortuna di restare nel recinto. Pettinare le pecore è togliere tempo alla ricerca delle altre in pericolo.

Ma quando parla di parrocchie Bergoglio dimostra tutta la sua intelligenza pastorale. Secondo uno studio sociologico, finito sulla sua scrivania di arcivescovo di Buenos Aires, l'area di influenza delle parrocchie in un quartiere si estende fino a 600 metri. Vuol dire che se un condominio è a un chilometro dalla parrocchia, non ne percepisce la presenza e l'attività. E quel condominio, quindi, è come abbandonato. Però le parrocchie in Argentina sono costruite a circa due chilometri l'una dall'altra, quindi c'è un problema di distanze. Così l'allora arcivescovo di Buenos Aires decide di invitare i sacerdoti ad affittare garage, nei quali svolgere un'attività parrocchiale intermedia con l'aiuto dei laici, quasi come una piccola succursale della parrocchia. Molti parroci si scandalizzarono per questa proposta e ribatterono: «Ma se facciamo così non verranno più in parrocchia!». E Bergoglio di rimando: «Ma perché? Ora vengono?». D'istinto quei parroci risposero: «No». Bergoglio evitò di infierire: si erano dati la risposta da soli[1].

53.
P come Parroco

Nel 1980, a 42 anni, Bergoglio vive un'esperienza importantissima: è nominato contemporaneamente rettore del Colegio Maximo di San Miguel, nella provincia di

[1] Cfr. *Papa Francesco. Il nuovo Papa si racconta*, cit.

Buenos Aires, e parroco della chiesa di San José, che si trova alle spalle del Colegio, in un quartiere pieno di baracche ed estremamente povero. Per i ragazzi, futuri sacerdoti gesuiti, osservare quel rettore è la più grande esperienza che potessero fare. «Ci ha sempre spinto ad andare in mezzo alla gente», mi raccontano oggi, trent'anni dopo. «Ci diceva: andate per strada a cercare i bambini per il catechismo, rimanete con i malati, visitateli. È vero: voi non siete ancora preti, non siete medici, non siete infermieri, non potete neanche portare un'aspirina. Ma dovete stare con loro, dovete vivere in mezzo a loro».

Lui faceva così, esattamente come fa oggi: gli piaceva vivere in mezzo al popolo e lo faceva senza mostrare atteggiamenti di autorità, senza scorta, senza barriere, con semplicità. «Quando siamo stati ordinati sacerdoti, la gente ci diceva che sembrava fossimo preti da sempre. E sa perché? Perché, per volere di padre Bergoglio, non siamo mai rimasti chiusi nel Colegio, ma sempre per strada, fra i vecchi, i bambini, i lavoratori, in mezzo ai cani e al fango. Ci chiamavano fratelli. E quando per la prima volta ci siamo seduti in un confessionale, ascoltavamo sofferenze che conoscevamo da anni». E Bergoglio parroco, com'era? Esattamente com'è adesso. Anche se chi lo conosce bene fa fatica a spiegarlo: ora tutto è più pieno, tutto è più maturo.

54.
P come Pasqua

Ogni anno a Natale e a Pasqua padre Bergoglio registrava per la TV della diocesi, Canale 21, un messaggio di auguri. L'ultimo è stato registrato poco dopo le dimissioni di Benedetto XVI e prima di partire per il conclave, nel febbraio 2013. È andato in onda il 27 marzo, Mercoledì Santo, a elezione avvenuta. È probabilmente il messaggio pasquale di un vescovo, peraltro cardinale e primate dell'Argentina, più breve della storia: 26 secondi. Sappiamo che Bergoglio fa della brevità una forza, ma il dato, unico, resta ed è tutto da sottolineare. Che si può dire in 26 secondi? Si può lanciare un messaggio spirituale in così poco tempo? Ovviamente con Francesco la risposta è sì. Ma per darvi un'idea, ecco che cos'ha detto in quel messaggio, in meno di 30 secondi: «Nessuno ha più amore di chi sacrifica la sua vita per gli amici. Gesù l'ha data per noi, per voi, per me. L'ha riguadagnata, e ci accompagna con la sua vita piena d'amore. Fatevi accompagnare da Gesù. Lui vi ama! Pasqua è Gesù vivo!». Fine del messaggio alla Nazione.

55.
P come Pazienza

Una definizione di Papa Francesco? Provo a suggerirne una: Papa della pazienza. I giovani – è la sua idea – sentono l'urgenza di cambiare il mondo, ed è giusto che sia così. Ma ben presto, crescendo, scoprono che quell'obiettivo non è raggiungibile con la fretta, ma solo con la pazienza. Lo sanno bene i genitori quando comprendono che oltre a dare un modello di vita ai figli devono soltanto imparare ad attendere che il figlio faccia la sua vita e, se serve, anche i suoi errori. Da sempre uno dei brani del Vangelo più amati da Bergoglio è quello del padre misericordioso: il brano in cui il figlio vuole l'eredità, poi se ne va, tocca il fondo della sua esistenza e infine torna. E il padre? Lo vede arrivare da lontano, segno che «era rimasto alla finestra, cioè lo aspettava», spiega. E per farsi intendere meglio parla dell'aquilone che, mentre volteggia, comincia a tremare. A quel punto l'istinto ti farebbe tirare la corda, riprendendone il controllo, ma è sbagliato: quando l'aquilone "scodinzola" devi dargli spago, lo devi liberare (senza abbandonarlo), gli devi dare tempo. Lo possiamo chiamare il Vangelo della pazienza.

56.
P come Peccato

Ascoltare Bergoglio parlare di peccato è stupefacente: «Per me il sentirsi peccatore è una delle cose più belle che possano capitare a una persona», dice nel libro intervista. Perché il senso di colpa, la vergogna, la consapevolezza dell'errore possono diventare un carburante potente che porta dritto al primo confessionale. Il quale non è una facile «tintoria», né «una seduta di tortura»[2], ma è il luogo dell'incontro con Dio. Sentirsi peccatore è quindi una cosa buona, bella, anzi «la più bella che possa capitare» perché mette in moto verso Dio, che ci aspetta sempre per perdonarci. Le alternative a tutto questo ci sono e sono drammatiche: sono da un lato il sentirsi a posto, autosufficienti e senza bisogno di Dio, e dall'altro lato il sentirsi disperati, ritenendo che il peccato sia imperdonabile. Ma non c'è peccato che non possa essere perdonato, perché non c'è peccato più grande della grandezza di Dio. Ecco, se c'è un concetto che Bergoglio sta ripetendo perché tutti lo possano intendere, è proprio questo. Misericordia e peccato sono finora le parole più usate.

[2] Le parole sono ovviamente di Papa Francesco, e sono state pronunciate a Santa Marta il 29 aprile 2013.

57.
P come Politica

Da ragazzo Bergoglio era molto interessato alla politica. Non l'ha mai fatta attivamente, ma leggeva molto. Soprattutto due riviste che erano edite dal Partito Comunista, *Nuestra Palabra* e *Propositos*. Ci tiene a specificare però che non è mai stato comunista. E non ha fatto politica neppure da vescovo, anche se non ha taciuto quando era a conoscenza di sofferenze, schiavitù e ingiustizie che colpivano i poveri. Ma questo è innanzitutto Vangelo. «Coinvolgersi nella politica per un cristiano è un obbligo– ha detto a un giovane studente delle scuole dei gesuiti due mesi dopo l'elezione –. Noi cristiani non possiamo "giocare da Pilato", lavarci le mani. La politica si è troppo sporcata; ma io mi domando: si è sporcata, perché? Perché i cristiani non si sono coinvolti con lo spirito evangelico?».

58.
P come Preghiera

Come prega il Papa? Quanto prega? Quali devozioni ha? Chi lo conosce lo considera un uomo totalmente catturato da Dio nella preghiera. Prima delle celebrazioni eucaristiche lo vediamo assorto, seduto, all'apparenza pensieroso: è già tutto nel Signore. Dopo la messa, se può, raggiunge l'ultimo posto tra i banchi e continua una preghiera silenziosa. Dorme poco, non più di cinque ore a notte, e si sveglia presto. Le prime ore sono davanti al Santissimo. Qualche volta si è addormentato sull'inginocchiatoio, ma non ne ha fatto un dramma. Nella sua regola quotidiana c'è la Liturgia delle Ore, la prima e l'ultima azione di ogni giorno. In mezzo c'è il Rosario. Non ha mai temuto le devozioni popolari, lui stesso ne coltiva alcune e ne ha diffuse molte, tra cui quella alla Madonna che scioglie i nodi. Per lui preghiera non è recitare formule, ma incontrare Dio. E in questo senso ha dato una definizione meravigliosa di quando prega: «È come se Dio mi tenesse per mano».

59.
P come Presepe

Dio vive nelle città: questo è il convincimento forte di Bergoglio. Perché negli ambienti urbani gli uomini sono chiamati a convivere tra loro, vincendo violenza, povertà e individualismo, e perché Gesù camminando per le strade ha fatto incontri che sono diventati significativi per chi ha incrociato il suo percorso, com'è successo a Zaccheo, a Bartimeo, all'emorroissa[3].

Forse è per questo che, nel periodo dell'anno in cui la

[3] Cfr. Papa Francesco, *Dio nella città*, San Paolo, Cinisello Balsamo 2013.

città cambia completamente volto, il cardinale Bergoglio ha potenziato un'iniziativa storica di Buenos Aires, antica quanto spettacolare. Incantevole per grandi e bambini. Ma andiamo con ordine.

A Natale tutte le città diventano più belle. Il paradosso è che diventano bellissime perché è Natale, ma spesso dimenticando il motivo per cui è Natale. Occorreva allora un'idea che facesse pensare, e al tempo stesso emozionare, aprendo il cuore allo stupore come la Grotta di Betlemme riesce ancora a fare. Per questo nella città del Papa ci sono i presepi sui camion. Pieni di luci, colorati, con musica, girano la città, portando il mistero della natività in tutti i quartieri. Una bellissima processione di Natale, un rimando alla fede, una Chiesa per le strade, una condivisione con la gente.

Q

60.
Q come Quando... in parrocchia c'è il listino prezzi

Lui prende la mano di lei e l'aiuta a scendere i gradini dell'ingresso. Dentro è buio, ma è molto fresco. Si guardano intorno in cerca del parroco, ma non c'è. C'è una porta aperta, però, e la scritta "Ufficio parrocchiale", segnata a mano. Si avvicinano e chiedono timidamente:

– Noi dovremmo... cioè vorremmo sposarci.

Una signora mantiene la testa bassa e senza guardarli in faccia chiede:

– Avete scelto la data?

– Sì, pensavamo al 12 luglio di quest'anno.

– Vediamo: il 12 luglio, 12 luglio... è libera. Bene. Questo è il listino, come può vedere...

– Scusi, quale listino?

– Il listino prezzi. Come può vedere la domenica c'è una maggiorazione. Questo è il prezzo base.

– Scusi ancora, il listino di cosa?

– Si vuole sposare o no? Questi sono i prezzi per sposarsi in questa chiesa. Giorno feriale o festivo. Di sera o di mattina. Con il tappeto rosso o senza. C'è un prezzo per tutto.

Juan e Manila si guardano negli occhi, sono offesi più dal tono che dai prezzi e comunque scelgono il pacchetto base. Anticipo, ricevuta, grazie e arrivederci. Di coppie come Juan e Manila ce ne sono tante e Bergoglio non lo accetta: «Questo è fare commercio del culto». L'idea che il cardinale cercava di trasmettere ai suoi preti e alla gente è che con i soldi in chiesa non puoi comprare nulla: è un contributo, libero, in ragione di quello che puoi dare, nel ricordo della vecchina del Vangelo che dà pochissimo e Gesù spiega perché è invece tantissimo. L'offerta in Chiesa è insomma un partecipare, non un accampare diritti come in un negozio di elettrodomestici.

61.
Q come Quando... non do la comunione

Ma perché il cardinale Bergoglio – si domandavano a Buenos Aires – a volte non dà la comunione? Non succede sempre, ma qualche volta, a Buenos Aires, sì. Perché al termine di una messa solenne, con partecipanti importanti, altolocati, facoltosi, famosi, sulla cui reputazione forse si chiacchiera un po', ma in ogni caso di quelli che a richiesta sarebbero generosi e munifici, seduti in prima fila, che fremono per avvicinarsi al cardinale, con il fotografo già pronto a scattare la foto da mandare su internet e ai giornali, perché in quei casi Bergoglio si siede e tra la delusione delle prime file manda a distribuire la comunione solo i ministranti e i diaconi? È un caso? Bergoglio è stanco? No, è una scelta precisa.

Il perché lo spiega nel dialogo con il rabbino Skorka. «Tra i parrocchiani ci sono persone che hanno ucciso non solo intellettualmente o fisicamente, ma indirettamente, pagando stipendi ingiusti. Magari fanno parte di organizzazioni di beneficenza, ma non pagano i dipendenti o lo fanno in nero. È ipocrisia, è schizofrenia. Per questo in alcune occasioni non do la comunione, perché non voglio che si avvicinino a me per la foto».

Un atteggiamento comprensibilmente duro, riservato a chi non solo non si pente, ma vive in una dichiarata ambiguità tra un male che pratica e un bene solo di opportunismo. Cose che Bergoglio non può sopportare.

62.
Q come Quando… vengono a confessarsi

Alfonso s'inginocchia nel confessionale. Saluta il sacerdote, ma non lo riconosce. Inizia la confessione. Bergoglio lo ascolta e alla fine gli domanda: «Tu fai l'elemosina?». Alfonso risponde di sì, ma Bergoglio continua: «E la mano del povero, la tocchi?». Alfonso non capisce. «Quando fai l'elemosina, tocchi la mano del povero o lanci la moneta dall'alto?». «No, non è proprio esatto che lancio la moneta – Alfonso è imbarazzato – però… ecco… no, non tocco, sto attento a evitarlo». «E lo guardi in faccia?». «No».

Padre Bergoglio resta in silenzio. Non ha altro da dire e Alfonso ha capito.

No, non c'era cattiveria nei suoi gesti, solo leggerezza. Ma all'improvviso quegli atteggiamenti superficiali gli sono parsi tristi e gravi.

R

63.
R come Ricetta dei miracoli

Se il quotidino di Santa Fe *El Litoral* fece quel titolo passato alla storia, «I miracoli di padre Bergoglio» (vedi alla M di Miracoli), possiamo provare a domandarci: qual è la ricetta del miracolo? E mettiamo subito sul tavolo i due ingredienti principali: fede e abnegazione. Oppure: fede e sacrificio. O ancora: fede e amore per le cose che si fanno. Ma è certo che la ricetta esiste e, seppure con altre parole, è stato Bergoglio stesso a darla.

Lo ha fatto commentando il brano del Vangelo che racconta il miracolo dei miracoli, la moltiplicazione dei pani e dei pesci: «I discepoli smarriti di fronte all'incapacità dei loro mezzi – fidandosi della parola di Gesù – sfamano la folla.

E questo ci dice che nella Chiesa, ma anche nella società, una parola chiave di cui non dobbiamo avere paura è "solidarietà", saper mettere, cioè, a disposizione di Dio quello che abbiamo, le nostre umili capacità, perché solo nella condivisione, nel dono, la nostra vita sarà feconda, porterà frutto. Solidarietà: una parola malvista dallo spirito mondano!» . Solidarietà, ecco è la ricetta dei "miracoli" di Bergoglio.

64.
R come Riforme

Quello che succederà in questo pontificato potremo vederlo solo con il tempo. Ma c'è un elemento, sfuggito ai più, che dice chiaramente qual è il mandato, se così si può dire, che i cardinali hanno dato non a Bergoglio in senso personale (cosa che non è ammissibile), ma in generale al futuro Papa. Un elemento che ci fa entrare nelle congregazioni generali, quelle che hanno preceduto il conclave, e che ci permette di capire di che cosa i cardinali abbiano discusso. E a svelare questo elemento è proprio lo stesso Bergoglio.

Ma andiamo con ordine. Il 16 marzo, tre giorni dopo l'elezione, nell'udienza con i giornalisti, Bergoglio racconta perché si chiama Francesco (e lo abbiamo visto alla F di Francesco). Cita i divertenti suggerimenti dei fratelli cardinali. Uno dei quali dice: «Ma tu dovresti chiamarti Adriano, perché Adriano VI è stato il riformatore, bisogna riformare...». Se dopo l'elezione, ancora nella Cappella Sistina, il tema delle riforme è oggetto di battute, anche distensive, tra i cardinali e il neo-eletto Papa, vuol proprio dire qualcosa.

65.
R come Rosario

«Padre Bergoglio è devotissimo a Maria e prega il Rosario, sempre, sempre», mi dicono le persone che lo conoscono bene, ripetendo e rafforzando il concetto. «Sempre, sempre».

Quel giorno partecipava a un incontro con i sacerdoti della diocesi. I lavori erano divisi in due sessioni: la mattina e il pomeriggio, ma la sessione mattutina era durata più del previsto e il caldo aveva fatto il resto. Insomma, la scaletta era bella che saltata. In ogni caso, dopo pranzo, senza dirselo erano tutti d'accordo sul fare una pausa e riposarsi un po'. Nel frattempo cominciavano ad arrivare gli invitati della sessione pomeridiana. Per un po' si raccolsero giù, poi quando cominciarono ad essere un numero cospicuo, iniziarono a salire le scale. Credevano di trovare i vescovi già al lavoro e invece con grande sorpresa la sala era completamente vuota. Sulle sedie le carte e gli appunti di chi si era assentato, ma nonostante l'orario non c'era ancora nessuno. Quasi nessuno. Sulla parete laterale, in fondo, camminando con la testa china, vicino alle finestre c'era padre Bergoglio. Con il Rosario in mano, stava pregando. Mentre tutti i vescovi riposavano, il futuro Papa pregava. L'unico e da solo.

S

66.
S come San Giuseppe

Accanto alla grande devozione mariana Bergoglio matura una devozione a san Giuseppe. Che diventa una sorta di patrono speciale della sua vita. Vediamo come.

Quando il 21 settembre del 1953 entra in parrocchia per confessarsi (evento dal quale scaturirà la vocazione), Jorge non fa molto caso al fatto che quella parrocchia sia intitolata a San José de Flores, cioè a San Giuseppe, nel quartiere Flores. E forse lì per lì non nota neppure che l'immagine vicina al confessionale, che quasi ascolta le parole del futuro Papa, è di san Giuseppe. Certamente però noterà che la prima parrocchia affidatagli sarà intitolata a San Giuseppe, alle spalle del Colegio Maximo di San Giuseppe, di cui era rettore. L'elezione a Pontefice è avvenuta mercoledì 13 marzo, ma la messa di inizio pontificato fu sei giorni dopo, martedì 19 marzo, festa di san Giuseppe, e tutta l'omelia verteva sul carattere di Giuseppe, il custode.

Nel suo stemma, oltre al simbolo dei gesuiti e alla

stella che rappresenta Maria, c'è il fiore di nardo, uno degli emblemi di san Giuseppe.

Infine il 19 giugno, a quasi 100 giorni di pontificato, una piccola rivoluzione nelle preghiere eucaristiche II, III e IV del Messale Romano. Per volere del Papa, dopo il nome di Maria è diventato obbligatorio «fare menzione di san Giuseppe suo Sposo», come già era nella preghiera I. Per cui, ad esempio, la preghiera eucaristica II è diventata: «Di noi tutti abbi misericordia: donaci di aver parte alla vita eterna, insieme con la Beata Maria, Vergine e Madre di Dio, con san Giuseppe, suo sposo, con gli apostoli...».

67.
S come Santi più amati

Uno dei santi più amati d'Argentina è san Cayetano, san Gaetano, patrono del pane e del lavoro. E anche di questa devozione, in crescita negli ultimi quindici anni, Bergoglio può raccontare tanto.

Nel 1997, 64 giorni dopo essere diventato arcivescovo coadiutore di Buenos Aires, partecipa alla processione del santo. È il 7 agosto, la festa è solenne. Come ricostruisce la giornalista Evangelina Himitian, quel giorno seicentomila persone si mettono in fila dietro al vescovo gesuita: una fila interminabile di persone che vuole pregare san Gaetano per ottenere pane e lavoro, ma che diventa, senza volerlo, anche un segnale al governo, affinché la smetta di ridimensionare i numeri di una crisi che morde davvero ogni famiglia argentina.

Davanti al santuario del santo, a Liniers, si formano due file: a destra chi vuole baciare le reliquie, a sinistra chi vuole avere la benedizione di qualche oggetto. Bergoglio tiene lì la prima omelia da vescovo coadiutore: «Il lavoro è sacro. Se Dio ci ha dato il dono del pane e della vita, nessuno può toglierci il dono di guadagnarceli. Il lavoro, come il pane, deve essere diviso fra tutti».

Da allora ogni anno la festa di san Gaetano è l'occasione per ribadire la giustizia in nome di Dio. Il governo non ha mai apprezzato.

68.
S come Scuola

Come andava a scuola? Chi ha potuto accedere ai registri dell'istituto Coronel Pedro Cerviño, in calle Varela, dove andava da bambino, dice di aver visto il voto "sufficiente" all'età di sei anni. Era bravo? Sì, ma non era un secchione. Le sue materie preferite? Letteratura, psicologia e religione. Quando scelse l'istituto tecnico professionale, nel quale si studiava molta chimica, gli amici si sorpresero.

Generoso e disposto ad aiutare i più piccoli, lo ricordano come un *leader*, ma non s'imponeva: una persona che spiccava, che notavi, alla quale rivolgerti per un problema, con la certezza che ti avrebbe dato una mano.

69.
S come Segretario

Don Martin era il segretario del cardinale Antonio Quarracino, l'arcivescovo di Buenos Aires predecessore di Bergoglio, nativo di Pollica, in provincia di Salerno, che lasciò con i genitori all'età di quattro anni. Quando nel 1998 Bergoglio diventa il nuovo arcivescovo della città, entrando negli uffici diocesani, nota don Martin seduto alla scrivania. Non era la prima volta che lo vedeva, ma quel giorno non riuscì a trattenersi e gli disse: «Martin, tu sei un prete. Che ci fai qui? Tu devi andare tra la gente». E così don Martin tornò a fare il prete in mezzo alle strade; all'inizio lo aiutava ancora un po' al mattino, poi non più e comunque mai al pomeriggio. E così chi andava a trovare il vescovo, dopo le 15, lo trovava alla scrivania e se mentre parlavano squillava il telefono, chiedeva scusa e: «Pronto? Sono Bergoglio, chi parla?». Non ha mai voluto un segretario e infatti, cosa rara tra i cardinali, per il conclave a Roma è arrivato da solo, e dopo l'elezione non aveva neanche un collaboratore, tanto che fu Benedetto XVI a cedergli il suo.

Tutti poi conoscono Felix: faceva le pulizie all'entrata della diocesi. Un giorno lo vedono ben vestito, con la cravatta, seduto alla scrivania: «Monsignor Bergoglio mi ha chiesto di aiutarlo stamattina» e per quel giorno il segretario lo faceva Felix, l'uomo delle pulizie. Altre volte c'era una signora anziana che si era resa disponibile. Ecco, questi i collaboratori d'ufficio del futuro Papa.

70.
S come Solitudine

«Perché lei... cioè tu, hai rinunciato a tutte le ricchezze di un Papa, come un appartamento lussuoso, e sei andato in un piccolo appartamento nelle vicinanze?», domanda una studentessa dell'Istituto Leone XIII, nell'incontro con le scuole rette dai gesuiti (7 giugno 2013). «Per motivi psichiatrici», è la straordinaria e fulminante risposta. E aggiunge: «È la mia personalità. E poi l'appartamento [quello del palazzo pontificio] non è tanto lussuoso, tranquilla... Ma non posso vivere da solo, capisci? Non è un problema di virtù mia personale, è soltanto che io non posso vivere da solo».

Allora proviamo a rimettere insieme i tasselli della personalità di Bergoglio: non ha segretari, non vuole gente che lavori per lui, non vuole autisti e in Argentina va in giro da solo. Una certa solitudine Bergoglio l'ha sempre cercata, anzi addirittura se l'è conquistata, perché tanti avrebbero voluto far parte della sua, chiamiamola così, "corte". Ma lui rifiuta il concetto di corte. E allora?

E allora non è tanto la “solitudine” che lo spaventa, d’altronde fa una vita quasi da monaco. La parola in italiano più corretta è un’altra: isolamento. Ecco, lui teme l’isolamento. E non perché possa accadergli qualcosa, ma perché un sacerdote, anche se Papa, non può vivere in una bolla di vetro, filtrato da tutto. O almeno: «Non è nella mia personalità».

71.
S come Suicida

È istruttivo leggere quello che Bergoglio pensa del suicida, della persona cioè che decide di farla finita, che per questo motivo anima quelle periferie esistenziali di cui il Papa argentino ci parla con passione. Dice: «Un tempo al suicida venivano negate le esequie», e il perché lo sappiamo: il suicida interrompe con una decisione propria il naturale corso della vita, di cui può disporre solo Dio. Ma attenzione, Bergoglio dice: «Un tempo». E poi aggiunge: «Nutro rispetto nei suoi confronti, perché è una persona che non è riuscita a superare le avversità della sua esistenza. Non lo respingo. Lo affido alla misericordia di Dio»[1].

[1] Dialogo con il rabbino Skorka.

T

72.
T come Tango

Alla domanda di Francesca Ambrogetti se gli piaccia il tango, risponde con tutta sincerità: «Oh, sì, moltissimo».

Gli piace ballarlo e lo ha fatto a lungo da giovane. Conosce a memoria e cita spesso alcuni pezzi, e conosce ovviamente gli interpreti. I suoi preferiti sono l'orchestra di D'Arienzo, Carlos Gardel, ma anche Astor Piazzolla. Conosceva personalmente Azucena Maizani, alla quale ha anche impartito l'estrema unzione.

73.
T come Telefonate

Adriano aveva spento l'*abat-jour* trenta secondi prima. O almeno così gli sembrava. In realtà erano passate quattro ore. Si era coricato alle 4.30, non erano neppure le 9 del mattino e già suo padre bussava alla porta della stanza. Adriano era un tossicodipendente uscito dalla droga in un modo che i suoi amici non capivano, e qualcuno ne rideva pure: con la preghiera. Secondo lui, l'avevano salvato le preghiere di mamma Paola, sua madre, devota della vergine di Luján, e in ogni caso era guarito.

Un giorno, uscendo dal lavoro, era passato in curia e aveva lasciato un biglietto con il suo nome, l'indirizzo e il telefono e la richiesta di poter parlare con padre Bergoglio. Ma ora voleva dormire.

– Papà, cosa c'è? Ho fatto tardi stanotte, fammi riposare ancora un po'!

– Ti vogliono al telefono!

– Ora no, richiamo io, dopo, per favore…

– Adriano, è padre Bergoglio!

Adriano fa un salto dal letto.

– Sono padre Bergoglio, ciao Adriano. So che volevi parlarmi. Ti ho svegliato?

Il giorno dopo Adriano era a faccia a faccia con il cardinale.

74.
T come Teresina

Teresina è santa Teresa di Lisieux, la giovane mistica francese, carmelitana, dottore della Chiesa, che nel diario scrive: «Passerò il mio Cielo a fare del bene sulla terra. Farò scendere una pioggia di rose». Sull'onda di queste parole, nel 1925, un gesuita, padre Putigan, fece una novena, chiedendole una grazia e un segno, nel caso fosse stato ascoltato. Come segno, chiese proprio una rosa. Con grande sorpresa, dopo tre giorni arrivò una rosa, e arrivò anche la grazia.

Ripeté per un'altra grazia la novena, e di nuovo ebbe rosa e favore. Cominciò così a diffondere la "Novena delle rose", considerata santa e potente, mediante la quale Teresa intercede e rassicura.

Nella stanza del cardinale Bergoglio, a Buenos Aires, c'è una foto di Teresa e ci sono sempre tante rose bianche a illuminarla. Bergoglio ammette di esserle devoto, di pregarla sempre e di ricevere, anche lui, una conferma con il dono di una rosa. (Tra l'altro la santa e il vescovo si assomigliano, come racconto alla G di Gesuita).

75.
T come Tredici

Nella vita di Bergoglio il numero 13 ritorna in modo curioso e significativo. A 13 mesi inizia a frequentare nonna Rosa, fondamentale presenza nel suo percorso di crescita umana e spirituale. Il 13 dicembre del 1969 è ordinato sacerdote dall'arcivescovo Ramón José Castellano. Il 13 maggio del 1992 il nunzio apostolico monsignor Ubaldo Calabresi lo informa, con sette giorni di anticipo sulla comunicazione ufficiale, che è stato nominato vescovo ausiliare di Buenos Aires. Il 13 marzo del 2013 (13 nel giorno e 13 nell'anno) Bergoglio viene eletto Papa, nell'indimenticabile serata del "Fratelli e sorelle, buonasera". Ed è al capitolo 13, versetto 13 del Vangelo di Giovanni il brano a cui Bergoglio sembra consegnare tutto il suo ministero sacerdotale. Scrive Giovanni: «Voi mi chiamate Maestro e Signore e dite bene, perché lo sono. Se dunque io, il Signore e il Maestro, ho lavato i vostri piedi, anche voi dovete lavarvi i piedi l'uno all'altro. Vi ho dato l'esempio, perché lo facciate anche voi» (Gv 13,13-15).

U

76.
U come Umiltà

Il telefono dell'arcivescovo di Buenos Aires suona in continuazione. Spesso a cercarlo sono donne o uomini che dicono di aver ricevuto "un dono di Dio". Quale? Profezie, guarigioni, messaggi da dover divulgare.

Bergoglio sa che la storia della Chiesa è percorsa anche da questi doni e non si stupisce, ma ha individuato il modo per stanare gli imbroglioni e gli esagitati. Quando queste persone sono umili, i doni vengono da Dio. Ma se al posto dell'umiltà emergono vanità, orgoglio, tendenza alla spettacolarizzazione, Dio non c'entra niente ed è cosa per fare affari.

L'umiltà, ha imparato Bergoglio, è la strada verso Dio. E bisogna apprenderla anche evitando i pettegolezzi e le mormorazioni. L'umiltà. Non è un caso poi che davanti alle TV, interrogata su che cosa la colpisca di Bergoglio, la gente come prima risposta dica: "L'umiltà".

V

77.
V come Vacanza

Ma Bergoglio, anche da cardinale, è mai andato in vacanza? No, mai. Quando era rettore del Colegio Maximo – mi raccontano i suoi ex alunni – la sua vacanza era starsene tranquillo nel Colegio, «senza i ragazzi, che erano tornati a casa». Si riposa pregando e stando con la gente. È felice così: non ha bisogno di altro. È un uomo di Dio, ma per capirlo dobbiamo andare in Argentina.

«Da noi – mi spiegano – si lavora 16 ore al giorno, da domenica a domenica. Se hai un lavoro, benedetto sia Dio, devi lavorare. Una volta Bergoglio ci disse: i gesuiti hanno la povertà tra i loro voti? Bene, e il povero cosa fa? Deve lavorare. Hai fatto voto di povertà? Allora devi lavorare. Il popolo argentino non ha vacanza, quindi se vuoi essere come gli altri, anche se sei cardinale, per il rispetto verso gli altri, non vai in vacanza. Certo, se per quindici giorni andasse in montagna a riposarsi, nessuno si scandalizzerebbe, ma non lo fa perché vuole condividere la vita di tutti».

78.
V come Villas Miserias

E, parlando di viaggi, non ci sono solo quelli per Roma e da Roma. Il viaggio che stava più a cuore a Bergoglio era quello quotidiano, sul bus n. 70, alle Villas Miserias. Sono le baraccopoli di Buenos Aires, dove vivono 45.000 persone in strade che sono di terra, che con la pioggia diventano di fango, in mezzo a topi e a fili elettrici che scorrono disordinatamente sopra la testa, con un vago senso di tragedia imminente. C'è sporcizia e c'è disordine, e gli abitanti non hanno neppure il conforto di un nome prestigioso o di un santo che si prenda carico della loro strada, perché lì le strade non hanno nomi, ma solo numeri, che vanno dal 21 al 24.

Bergoglio ci andava vestito da prete, anche quando era cardinale. Entrava nelle case, parlava con la gente, scherzava con i ragazzi. Diventava amico di tutti. È sua la battaglia perché i bambini fossero battezzati sempre, indipendentemente dalla situazione matrimoniale, regolare o no, dei genitori. Sono una sua idea le tante processioni dei santi, erano sue le celebrazioni nella chiesa dedicata alla Vergine di Caacupé. Era lui la sicurezza dei sacerdoti più esposti e più spesso minacciati. Era lui lo scudo dei poveri. Che ricambiavano con una richiesta affettuosa: una foto insieme. Bergoglio è ancora oggi il più fotografato sui muri delle baracche dei poveri di Buenos Aires.

79.
V come Vocazione

Il 21 settembre del 1953 è il giorno in cui la vita di Bergoglio cambia completamente, e il fatto che lui ricordi dettagliatamente date, persone e situazioni a distanza di tanti anni ne è la prova. Quel giorno, festa degli studenti, stava raggiungendo gli amici alla stazione, quando si trova davanti la parrocchia di San Giuseppe e decide di entrare per confessarsi. C'è un sacerdote che non conosce, che non aveva mai incontrato prima, ma accade qualcosa di unico, di grande, di soprannaturale.

Le sue parole: «Mi successe una cosa strana durante quella confessione, non so esattamente cosa, ma mi cambiò la vita; direi che mi sono lasciato sorprendere con la guardia bassa. Mi resi conto che mi stavano aspettando. Da quel momento per me Dio è colui che ti "anticipa"». Nell'arco di quella confessione Jorge sente chiaramente la chiamata di Dio che "lo stava aspettando".

È rarissimo incontrare vocazioni che nascono così all'improvviso. Queste non sono decisioni che si prendono premendo un bottone, sono il frutto di una naturale maturazione, a volte anche di una lotta con se stessi e con Dio. Per Bergoglio no. E il primo a stupirsene è lui.

Dunque all'origine della scelta di diventare sacerdote c'è una chiamata intima ma spettacolare, nascosta ma dirompente, stravolgente addirittura. Il giovane Jorge esce dalla chiesa talmente sconvolto che torna subito a casa, rinuncia alla serata con gli amici (in quel gruppo c'era anche la sua fidanzata), e non ne parlerà con nessuno per quattro anni. Nel frattempo finisce la scuola superiore e continua il lavoro. Ma Dio si era rivelato. Lui aveva capito. E anche se la cosa era rimasta tra lui e Dio, il papà e la nonna qualcosa avevano intuito. A ventun anni entra nel seminario diocesano e poi, quasi subito, sceglie i gesuiti. Con il sogno, mai realizzato, di partire missionario per il Giappone. Ma c'erano altri viaggi e altre missioni che lo attendevano.

Z

80.
Z come Zii

Anzi: prozii. Erano i fratelli del nonno, emigrati in Argentina nel 1922.

Padre Bergoglio li cita come un esempio di forza di cui la sua famiglia è capace.

I prozii lavorarono sodo in Argentina e riuscirono a costruire un palazzo di quattro piani, tutto per loro, a Panamà, il primo con ascensore di tutta la città, chiamato con orgoglio familiare e italiano "Palazzo Bergoglio".

Poi arrivò la Grande Crisi e nel 1932 dovettero vendere tutto e ricominciare da capo.

Anche il nonno di Jorge dovette chiedere un prestito per ripartire, mentre il papà perse il lavoro, ma, ricorda, non si perse mai d'animo.

A Jorge, figlio di un'altra generazione e di un altro periodo, sicuramente meno drammatico di quello, piaceva molto la capacità dei suoi avi di superare le difficoltà della vita: «È una dimostrazione della forza della razza», ammette, mentre davanti agli occhi gli passavano foto e nomi appresi da bambino.

Superare le difficoltà. Quello che oggi hanno chiesto a lui.

RINGRAZIAMENTI

Grazie a padre José Gabriel Funes S.I., direttore della Specola Vaticana, a padre Guillermo Ortiz S.I., caporedattore di Radio Vaticana, canale spagnolo per Europa e America Latina, a Nelson Pollicelli e a tutti coloro che mi hanno dedicato del tempo per conoscere meglio l'Argentina degli ultimi quarant'anni. Ci sono molti modi di essere accolti. Il vostro è stato per me un'autentica testimonianza cristiana.

Voglio anche ringraziare Francesca Ambrogetti e Sergio Rubin, ai quali dico che, con la loro intervista del 2010 al cardinale Bergoglio, hanno offerto a tutto il mondo un delicato biglietto da visita del nuovo Papa.

INDICE

Finito di stampare nel mese di ottobre 2013
presso Elcograf S.p.a., Cles - Trento
Printed in Italy